Droit administratif

Droit administratif

Jean-Claude Ricci
Professeur à Aix-Marseille Université

9e édition

hachette
SUPÉRIEUR

LES FONDAMENTAUX

LA BIBLIOTHÈQUE DE L'ÉTUDIANT

Collection créée par Caroline Benoist-Lucy

Dans la même collection :

Droit, Politique

7 *Les institutions de la Vᵉ République* (Ph. Ardant)
9 *La fiscalité en France* (P. Beltrame)
12 *Introduction à la science politique* (J.-M. Denquin)
16 *Introduction à l'étude du droit* (J.-C. Ricci)
17 *La Constitution commentée, article par article* (S.-L. Formery)
18 *Finances publiques de l'État - La LOLF* (J. Mekhantar)
19 *Les collectivités territoriales en France* (E. Vital-Durand)
22 *Contentieux administratif* (D. Turpin)
34 *Philosophie politique / 1. Individu et société* (M. Terestchenko)
35 *Philosophie politique / 2. Éthique, science et droit* (M. Terestchenko)
46 *Droit administratif* (J.-C. Ricci)
47 *Mémento de la jurisprudence administrative* (J.-C. Ricci)
48 *Les grands textes constitutionnels de la France* (S.-L. Formery)
57 *Introduction au droit de l'Union européenne* (J. Dutheil de la Rochère)
75 *Mémento des institutions politiques françaises* (E. Vital-Durand)
86 *Droits fondamentaux et libertés publiques* (J.-M. Pontier)
121 *Droit des sociétés* (J. Bonnard)
129 *Droit du travail* (M. Le Bihan-Guénolé)
132 *Droit pénal général* (P. Canin)
137 *Droit des entreprises en difficulté* (J. Bonnard)
144 *Droit commercial* (P. Canin)
148 *Droit civil / Les obligations* (P. Canin)
156 *Droit civil / Les biens* (R. Desgorces)
161 *Quel droit pour l'environnement ?* (S. Maljean-Dubois)
173 *Mémento de Droit des sociétés : le juge et la société* (J.-L. Navarro)
178 *Mémento de la jurisprudence de la CDEH* (Y. Lécuyer)
179 *Droits et libertés constitutionnels* (Ph. Blanchèr, J.-É. Gicquel, P. Jan)
180 *La QPC* (M. Verpeaux)

www.hachette-education.com

ISBN : 978-2-01-140328-5

Table des matières

Introduction

Le droit administratif peut être défini comme ***la branche du droit public qui régit l'organisation, le fonctionnement et les actes de l'administration***. Ce droit présente trois caractères principaux.

→ un produit de l'histoire

Dès le XIe siècle et jusqu'au XVIIIe siècle, le droit administratif s'est créé, forgé et développé à côté du droit privé comme un droit substantiellement différent de lui. La plupart des règles actuelles du droit administratif et de ses constructions intellectuelles datent de cette période. Révolution, Consulat, Empire, ère libérale apporteront leur pierre à un édifice demeuré largement inchangé au cours des temps. De l'***État-gendarme*** (X^{e}-XIe siècles) à l'***État-providence*** (début XXe siècle), l'administration est un « service » tout entier construit sur la notion d'***intérêt général***. Tradition canonique, conception des légistes royaux, administrateurs de l'Empire et élèves actuels de l'ENA participent d'une identique tradition qui fait de l'État, en France, l'organe par excellence préposé à la promotion d'un ordre social juste et équilibré entre les forces antinomiques de l'individu et de la société. Depuis les premiers temps de la monarchie capétienne, les rapports entre les personnes publiques et les personnes privées sont régis par des règles différentes de celles qui gouvernent les relations des personnes privées entre elles, car les personnes publiques satisfont l'intérêt général, lequel doit l'emporter sur les intérêts privés quand la conciliation entre ces deux intérêts est impossible.

→ un droit original

L'originalité du droit administratif provient d'une double cause.
C'est encore, malgré de notables évolutions récentes, un ***droit largement prétorien*** (c'est-à-dire jurisprudentiel). L'absence de codification a conduit le juge à forger lui-même, en triant dans le legs des siècles, les règles lui permettant de trancher les litiges en matière administrative. Ce trait demeure encore aujourd'hui : le déclin prétendu du rôle créateur joué par la jurisprudence administrative apparaissant très discutable.
Ce droit est également original en ce qu'il est très largement ***autonome*** par rapport au droit privé. Cela se marque par les règles de ce droit, par la nature des personnes juridiques qu'il régit, ainsi que par le statut de ses actes juridiques, qui sont dominés par la primauté théorique de l'intérêt général sur les intérêts individuels, et le ***caractère effectif de cette primauté***.

→ un droit complexe

Le droit administratif n'a pas la réputation (notamment chez les étudiants et les praticiens) d'être un droit facile. Il faut reconnaître qu'il y a là une part de vérité.
C'est un droit « à problèmes » : critère du droit administratif, concept de service public, notion d'intérêt général, identification de l'établissement public, compétence du juge administratif, etc., sont quelques-uns des moments « douloureux » dans l'apprentissage de cette discipline.
Tout provient de la difficulté à déterminer UN critère du droit administratif, et, par suite, UN critère de la compétence du juge administratif. Au point que certains rêvent, mais ce ne peut être qu'un rêve, de la suppression du droit et du juge administratifs, au moment même d'ailleurs où certains États (Royaume-Uni, États-Unis), découvrent les « délices » d'une introduction massive du droit administratif dans un système qui en était jusque-là assez largement dépourvu.
Si l'existence d'un droit et d'un juge administratifs en France peut paraître injustifiable logiquement, l'on s'accorde aujourd'hui à reconnaître le caractère protecteur et techniquement irremplaçable de ce droit et de ce juge.
La complexité du droit administratif vient aussi, de ce qu'il est en pleine mutation dans la mesure où il doit, d'une part, traduire un nouvel équilibre entre action des personnes privées et action publique, d'autre part, tenir compte de ce que ses sources se diversifient et se compliquent avec l'irruption des droits international, européen (Europe des Droits de l'homme) et communautaire (Union européenne) comme données majeures du droit interne, auquel elles s'incorporent et qu'elles dominent. Le juge administratif tente de relever cet immense défi par une jurisprudence hardie qui essaie de « coller » au plus près de ces évolutions ; la tâche n'est pas aisée.
La problématique du droit administratif est loin d'être simple. Cela n'empêche pas que ce droit existe et fonctionne. À ce titre et dans cette limite concrète, il est important de l'étudier. Pour ce faire, seront examinés :

- les conditions de la *soumission de l'administration au droit* (chapitres 1 et 2) ;
- les *moyens de l'action administrative* (chapitres 3 et 4) ;
- le *contrôle de l'action administrative* (chapitres 5 et 6).

Mode de citation des arrêts :

- Les décisions indiquées ***sans référence à la juridiction qui les a rendues*** émanent du **Conseil d'État**.
- Toutes les **autres juridictions** sont désignées par leurs ***initiales*** (CAA, CC, CEDH, CJUE, TA) ou en ***abrégé*** (Cass.).

chapitre 1

La soumission de l'administration au droit : la portée du principe de juridicité

L'État *légal*, qui a caractérisé, plus ou moins intensément, la France depuis la Révolution et l'Empire, est l'État dans lequel la subordination au droit des actes de l'administration est assurée par le dogme de la souveraineté de la loi. Le Parlement est le délégataire exclusif de la souveraineté nationale et l'administration est soumise à la loi. L'acte administratif n'a pas de domaine propre puisque le domaine de la loi est infini.

Sur ces points, la Constitution de 1958 a tenté d'apporter des innovations qui n'ont d'ailleurs pas toutes abouti. Elle a tout d'abord créé un contrôle de la constitutionnalité des lois, instaurant ainsi réellement un ***État de droit***. Par ailleurs, elle a tenté de séparer strictement le domaine de la loi et le domaine du règlement en instituant un ***pouvoir réglementaire autonome***. Désormais, devaient exister deux sortes de pouvoir réglementaire : le traditionnel pouvoir réglementaire d'exécution des lois (*pouvoir réglementaire dérivé* ou *subordonné*) et le pouvoir réglementaire autonome, portant sur les matières soustraites dorénavant à la compétence du législateur.

Enfin, l'irruption dans le droit français de systèmes juridiques externes (Union européenne, Europe des Droits de l'homme, et droit international) a accru le nombre des normes que l'administration doit respecter ou ne pas contrarier.

Il est donc devenu inexact de parler de « principe de légalité », car c'est à l'ensemble du droit que l'administration est soumise et non plus aux seules lois, il est plus correct de parler de ***principe de juridicité***. Principe dont on décrit ici le contenu (I) avant d'examiner les principaux cas où il est atténué (II).

I. Le contenu du principe de juridicité

Ceci conduit à étudier les sources du principe (A) et certains de ses effets (B).

A– Les sources de la juridicité

Il s'agit de ***sources*** parce que d'elles découlent les règles dont le respect s'impose notamment à l'administration.

1. Les sources de rang constitutionnel

La création, en 1958, d'un Conseil constitutionnel, chargé d'assurer effectivement la suprématie des normes constitutionnelles, expression directe de la souveraineté nationale, met un terme au caractère tout théorique jusque-là de la supériorité de la Constitution. Celle-ci s'impose absolument dans l'ordre interne, même aux traités internationaux (30 oct. 1998, *Sarran*; 8 févr. 2007, *Sté Arcelor*). La constitutionnalité des lois transposant en France les dispositions précises et inconditionnelles d'une directive communautaire n'est normalement pas contrôlée par le Conseil constitutionnel car cette transposition est une exigence constitutionnelle (article 88-1 de la Constitution et CC, n° 2004-496 DC, 10 juin 2004, *Loi pour l'économie numérique*). Enfin, l'introduction devant le Conseil constitutionnel de la question prioritaire de constitutionnalité (QPC) a accru quantitativement le poids de la Constitution sur les autres sources du droit.

➜ La Constitution proprement dite

La Constitution, divisée en articles, numérotés de façon discontinue de 1 à 89 inclusivement est une source majeure de la juridicité car elle a valeur constitutionnelle dans son intégralité.

➜ Les autres dispositions constitutionnelles

Ce sont: **1)** le ***préambule de la Constitution de 1958***, y compris la Charte de l'environnement; **2)** le ***préambule de 1946*** (qui énonce, à la fois, les «*principes fondamentaux reconnus par les lois de la République* » [3 juill. 1996, *Moussa Koné*; 9 juill. 1997, *Picard* ; QPC 5 août 2011, *Sté SOMODIA* ; CC 15 mai 2013, *loi sur le mariage pour tous*] et les « *principes particulièrement nécessaires à notre temps* » [6 mai 2009, *Assoc. FNATH et autres*]) ; **3)** la ***Déclaration des droits de l'homme et du citoyen*** du 26 août 1789, auxquels le Conseil d'État (12 févr. 1960, *Sté Eky*) et le Conseil constitutionnel (19 juin 1970 et 16 juill. 1971) ont reconnu pleine valeur constitutionnelle. Le juge administratif reconnaît aux deux préambules une valeur intégralement constitutionnelle (12 juil. 2013, *Féd. nat. de la pêche en France*, 344522).

→ La jurisprudence constitutionnelle

La jurisprudence du Conseil constitutionnel, qu'elle s'exerce directement – et donc *a priori* – par le contrôle de constitutionnalité, ou par voie d'exception – et donc *a posteriori* – au travers d'une question prioritaire de constitutionnalité, est une source importante du droit administratif car elle crée, interprète, ou délimite, des principes généraux du droit déduits de la Constitution. Ensuite, elle interprète les dispositions constitutionnelles elles-mêmes. Enfin, elle contrôle la constitutionnalité des lois en interprétant soit la Constitution, soit la loi. Ses décisions s'imposent au respect du juge, dont le juge administratif, qui doit en faire application. Il en va de même lorsqu'elle crée ou découvre des principes « à valeur constitutionnelle », des « objectifs à valeur constitutionnelle » ou même des « exigences constitutionnelles ».
Le Conseil d'État développe une certaine jurisprudence constitutionnelle (création d'un principe fondamental reconnu par les lois de la République : *Moussa Koné*, préc. ; constatation de l'abrogation d'une loi du fait d'une disposition constitutionnelle postérieure : 16 déc. 2005, *ministère des Affaires sociales et autre* ; appréciation de la constitutionnalité des actes administratifs [7 déc. 2012, *FNATH*, 348600] et des directives communautaires : *Arcelor*, préc.).
Lorsque dans un procès l'une des parties estime qu'une loi applicable au litige porte atteinte à un droit ou à une liberté que la Constitution garantit, il lui est possible de poser une QPC. Celle-ci, si elle est jugée sérieuse par le juge administratif saisi, sera renvoyée au Conseil constitutionnel pour qu'il tranche la question : ceci accentue le rôle de la jurisprudence constitutionnelle.

2. Les traités et accords internationaux : contrôle de conventionnalité

L'article 55 de la Constitution de 1958 place, à certaines conditions, le traité au-dessus de la loi et donc de l'acte administratif. Il en va de même pour les principes généraux du droit international, leur primauté étant cependant limitée : elle ne vaut pas pour les règles internationales non écrites ou coutumières (6 juin 1997, *Aquarone* ; 28 juill. 2000, *Paulin* ; 14 oct. 2011 *Saleh et autres*). Parmi les traités, seuls sont invocables ceux créant directement des droits au profit des particuliers (29 janv. 1993, *Bouilliez* ; 23 avr. 1997, *GISTI* ; 26 juill. 2006, *Bolukbas* ; 11 avril 2012, *GISTI et autre*, 322326) non ceux qui, se bornant à régir les relations entre États n'ont pas d'effet direct sur les individus (v. 11 avril 2012, *GISTI et a.*). À cet égard, les différentes stipulations d'un traité sont divisibles, les unes pouvant être jugées invocables par les particuliers, d'autres non. La primauté joue pour tout traité (Pacte des Nations unies sur les droits civils et politiques : 15 avr. 1996, *Doukouré*).

→ La validité des traités internationaux

Cette validité, condition de la supra-légalité des traités internationaux, est subordonnée au respect de conditions de forme et de conditions de fond.

▶ **Conditions de forme.** Le traité doit :

1°) ***exister*** réellement (30 nov. 1962, *Cie de développement agricole et industriel*) en tant que traité (5 janv. 2005, *Deprez*) ;

2°) avoir été régulièrement ***signé*** (18 juin 1965, *Consorts Chatelain*) et ***ratifié*** (18 avr. 1951, *Élections de Nolay*; 5 mars 2003, *Aggoun*), le Conseil d'État ne contrôlant pas cependant la constitutionnalité d'une loi autorisant la ratification d'un traité (8 juil. 2002, *Commune de Porta*). Cependant, il ne contrôle pas, non plus, les traités de l'art. 53 de la Constitution, donc non soumis à ratification (9 juill. 2010, *Féd. nat. libre pensée*, 327663) ;

3°) avoir été porté à la connaissance du public par une ***publicité*** correcte (21 déc. 1990, *Conféd. nat. des assoc. familiales catholiques* ; 11 mars 2013, *SOS racisme*).

▶ **Conditions de fond.** La principale condition de fond réside dans l'***interprétation*** du traité à laquelle le juge administratif procède lui-même sans renvoyer au ministre des Affaires étrangères : 29 juin 1990, *GISTI* (abandon de 23 juil. 1823, *Vve Murat*).

→ La supra-légalité des traités internationaux

La primauté des traités sur les lois est subordonnée au respect, par l'autre partie, de la ***condition de réciprocité*** ; à défaut il n'y a pas de supériorité du traité sur la loi. Cette supériorité, d'abord appréciée par le seul ministre des Affaires étrangères (29 mai 1981, *Rekhou*; 9 avr. 1999, *Chevrol*), l'est désormais par le Conseil d'État (9 juil. 2010, *Cheriet-Benseghir*). Cette primauté des traités joue aussi bien :

- lorsque le traité est ***postérieur à la loi*** (23 nov. 1936, *Abdoulhoussen et autres*; 23 déc. 1949, *S^té^ Cominfi*; 31 janv. 1962, *Office parisien de compensation*, solution *a contrario*),
- lorsque le traité est ***antérieur à la loi*** (pour les traités : 20 oct. 1989, *Nicolo*; 24 sept. 1990, *Boisdet*; pour les directives communautaires : 28 févr. 1992, *SA Rothmans International France et S^té^ Arizona Tobacco Products*, deux arrêts),
- lorsque la loi, initialement conforme au traité, lui devient contraire par suite d'un changement ultérieur de circonstances (2 juin 1999, *Meyet*).

→ La combinaison des traités internationaux entre eux

Après s'être refusé à contrôler les traités ou accords internationaux les uns par rapport aux autres (8 juill. 2002, *C^ne^ de Porta*), le juge admet désormais de se livrer à cet examen et, le cas échéant, de trancher au profit de l'un d'entre eux quand ils sont inconciliables (23 déc. 2011, *Kandyrine de Brito Peïva*). Le cas des traités de l'UE est mis à part dans une telle hypothèse (même décision ; 6 déc. 2012, *S^té^ Air Algérie*).

➜ Les traités communautaires

Les traités instituant les communautés européennes (CEE, CECA, Euratom) ont créé une juridiction particulière, siégeant à Luxembourg, la ***Cour de Justice de l'Union européenne*** (CJUE, ex-CJCE), chargée de régler les difficultés soulevées par leur application. Cette Cour a compétence exclusive pour connaître des recours en interprétation de ces traités, toute juridiction nationale statuant en dernier ressort étant « *tenue de saisir la Cour de Justice* » (art. 234), pour autant que la question soulevée ne soit pas hypothétique (CJUE 15 sept. 2011, *Unio de Pagesos de Catalunya*). Ainsi le renvoi préjudiciel assure l'unité d'interprétation du traité. Les juridictions nationales sont « juges de droit commun de l'application du droit communautaire » (CJCE 5 févr. 1963, *Van Gend en Loos* ; CE 30 oct. 2009, *Perreux*).

Le Conseil d'État, malgré l'opposition de la CJUE (15 juill. 1964, *Costa*), s'en tient à la distinction des ***actes clairs*** (en ce cas, il ne renvoie pas à la Cour de Luxembourg) et des ***actes non clairs*** (en ce cas, il renvoie à la CJUE : 28 mars 1997, *Sté Baxter et autres*).

La réponse donnée par la CJUE sur renvoi préjudiciel s'impose au juge administratif français (26 juill. 1985, *ONIC*), même si elle excède le champ de la question posée (11 déc. 2006, *De Groot en Slot*) tout comme la constatation, par la CJUE de l'invalidité d'un règlement communautaire (même arrêt). Lorsque la CJUE s'est déjà prononcée sur une question, le Conseil d'État refuse le renvoi et fait sienne cette interprétation (8 avril 1987, *Min. du Travail*), il suspend tout acte administratif contraire à une décision de la CJUE rendue sur renvoi préjudiciel (28 nov. 2011, *Sté Monsanto SAS*, 313605). La violation d'une règle du droit communautaire par un État entraîne *ipso facto* la mise en jeu de sa responsabilité (CJCE, 5 mars 1996, *Brasseries du Pêcheur et Factortame*, deux arrêts).

➜ Les règlements et directives communautaires

L'article 248 du traité de Rome prévoit que les organes des Communautés peuvent prendre notamment des règlements et des directives.

▶ Les **règlements** communautaires qui sont ***directement invocables devant les juridictions nationales*** s'incorporent automatiquement au droit interne des États membres sans qu'il soit besoin de mesures nationales de réception. C'est sans doute là l'une des formes les plus poussées d'intégration juridique.

▶ La CJUE a estimé que les **directives** – qui en théorie ne sont pas, elles, directement applicables puisqu'elles ne fixent que des objectifs à atteindre, laissant aux États le soin d'adopter les mesures nécessaires à l'obtention du résultat prescrit – étaient susceptibles, ***lorsqu'elles énoncent des obligations inconditionnelles et suffisamment précises***, de produire des ***effets directs*** dans le droit des États membres. Elles créent donc par elles-mêmes des droits et des obligations dans l'ordre juridique interne de

ces États alors même que ne sont pas (ou pas encore) intervenues les mesures nationales destinées à transposer leur contenu (CJCE, 6 oct. 1970, *Franz Grad*), et elles sont invocables en justice par leurs nationaux (CJCE, 4 déc. 1974, *Van Duyn*; et surtout, 9 mars 1978, *Simmenthal*). Le Conseil d'État examine les actes administratifs qu'ils soient réglementaires (28 févr. 1992, *SA Rothmans International France* et *S^té Arizona Tobacco Products*, précités; 6 févr. 1998, *Tête*) ou individuels (16 oct. 2009, *Perreux*), par rapport aux directives.
Ainsi se réalise un enserrement progressif de la légalité administrative par le droit communautaire: prohibition des dispositions nationales directement contraires aux ***objectifs*** définis par une directive (7 déc. 1985, *Fédération française des sociétés de protection de la nature*), contrôle plein et entier du juge administratif sur la régularité des actes administratifs pris en exécution d'une directive (28 sept. 1984, *Confédération nationale des sociétés de protection des animaux de France*), ***responsabilité de l'État*** pour violation du droit communautaire (CJCE, 19 nov. 1991, *Francovich et Bonifaci*; CAA Paris, 1er juill. 1992, *S^té Jacques Dangeville*) même quand cette violation est le fait d'une cour suprême nationale (CJCE, 30 sept. 2003, *Köbler*).

→ Les principes généraux du droit communautaire

Après avoir longtemps hésité (30 nov. 1994, *Résidence Dauphine*), le Conseil d'État admet leur pleine valeur juridique et leur supériorité sur la loi (3 févr. 2001, *Syndicat national de l'industrie pharmaceutique; 8 févr. 2007, Sté Arcelor*) mais seulement lorsque la situation dont il a à connaître est régie par le droit de l'UE (26 sep. 2011, *Cyrille X.*, 350439).

→ La Convention européenne de sauvegarde des droits de l'homme et des libertés fondamentales

La Convention de Rome, de 1950, ratifiée par la France en mai 1974, est à la fois un texte à valeur supranationale, applicable à tous les États signataires, et un traité instituant une juridiction spéciale statuant sur les violations éventuelles de la Convention par les organes étatiques: la ***Cour européenne des droits de l'homme*** (CEDH). La Convention est d'applicabilité et d'invocabilité directes par les citoyens français et les étrangers devant les juridictions nationales (19 avr. 1991, *Belgacem* et *Mme Naïma Babas*, deux espèces) ; ceux-ci, ainsi, d'ailleurs, que les États parties à la Convention, peuvent saisir la CEDH de tout acte ou comportement ou procédure (même celle existant devant le Conseil constitutionnel: CEDH, 21 oct. 1997, *Pierre-Bloch c/ France*) portant atteinte à un droit garanti par la Convention (sur la limitation des effets d'une condamnation de la France après une décision de justice nationale devenue définitive : 4 oct. 2012, *G. Baumet*, 328502).

→ La Charte des droits fondamentaux de l'UE

Entrées en vigueur en déc. 2009, avec le traité de Lisbonne, dont elles font partie, les dispositions de la Charte ne peuvent être invoquées qu'à l'égard des dispositions mettant en œuvre le droit de l'UE (15 mai 2012, *Féd. INTERCO CFDT*, 350393). Il faudra concilier les dispositions de la Charte - dont le respect est assuré par le CJUE - et celles de la conventions EDH - dont le respect est assuré par la cour EDH.

3. Les lois

Est ***loi*** tout acte pris par l'organe législatif suivant la procédure législative alors en vigueur : édits et ordonnances royaux, décrets de la Convention, avis du Conseil d'État impérial publiés au *Bulletin des lois*, décrets du gouvernement de la Défense nationale, lois du parlement, etc. Les lois sont, par excellence, les actes juridiques composant la juridicité administrative. La soumission du pouvoir réglementaire à la loi, même inconstitutionnelle, est absolue.
Le juge administratif ***n'exerce aucun contrôle de constitutionnalité sur la loi*** (22 oct. 1979, *Union démocratique du Travail [UDT]* ; 29 oct. 2004, *Sueur et autres*), sauf s'agissant d'apprécier l'éventuelle incompatibilité de la loi avec un texte constitutionnel postérieur (16 déc. 2005, *ministre des Affaires sociales, du Travail et de la Solidarité*). Il effectue seulement un contrôle de ***régularité formelle***, afin de s'assurer que la loi existe réellement ou qu'elle est bien applicable (1er juill. 1960, *Fédération nationale des organismes de Sécurité sociale*). En revanche, il exerce sur les lois un contrôle de conventionnalité destiné à assurer le respect des traités (7 juin 2006, *Assoc. Aides et autres*) et des règles du droit international qui en dérivent.
Le défaut ou l'insuffisance de la consultation du Conseil d'État par le gouvernement, sur un projet de loi, frappe d'inconstitutionnalité la loi qui en résulte (CC, n° 2003-486 DC, 3 avr. 2003).

4. Droit de la concurrence – Droit de la consommation

Une source importante du droit administratif est désormais constituée par l'ensemble des règles et des principes (internes comme internationaux) du ***droit de la concurrence*** (liberté, égalité et transparence : 3 nov. 1997, *Sté Million et Marais* ; 26 mars 1999, *Sté EDA* ; 30 avr. 2003, *Syndicat professionnel des exploitants indépendants des réseaux d'eau et d'assainissement* ; 30 janv. 2009, *ANPE*) qui domine tout le droit de la commande publique. Il en va de même du ***droit de la consommation*** (27 avril 1998, *Cornette de Saint-Cyr* ; 20 nov. 2002, *Sté Golden-Harvest-Zelder*).

5. La jurisprudence administrative

Le Conseil d'État a joué, par sa jurisprudence - c'est-à-dire par ses décisions -, un rôle créateur ou « refondateur » dans l'invention du droit administratif moderne.

➜ Les caractères de la jurisprudence

La jurisprudence est indispensable pour combler les lacunes ou les incomplétudes des textes ou corriger leur obscurité ou ambiguïté. Ce rôle irremplaçable est confirmé par la jurisprudence constitutionnelle, qui, en matière de question prioritaire de constitutionnalité, assimile à la loi elle-même une jurisprudence constante interprétant la loi (CC, QPC, 6 et 14 oct. 2010, 2 décisions). Pourtant, son caractère de « source » soulève des objections car elle est ***rétroactive, instable*** **et** ***assez difficile à connaître***. De plus, n'étant pas élu ni comptable de ses actes, le juge ne saurait être auteur du droit. Telle est cependant la réalité, inévitable, de notre droit. Le juge s'efforce désormais d'atténuer ces inconvénients en modulant dans le temps les effets des annulations (11 mai 2004, *Sté AC! et autres*) ou des rejets (27 oct. 2006, *Sté Techna*) qu'il prononce, et en donnant effet pour l'avenir seulement à certains de ses revirements de jurisprudence (13 juill. 2007, *Sté Tropic*).

➜ Les principes généraux du droit

Illustration la plus typique du pouvoir normateur de la jurisprudence administrative, ces « principes » sont dégagés par le juge administratif à partir de la philosophie politique de notre système juridique.

Ils doivent être distingués des principes constitutionnels qui dérivent, eux, ***directement*** de la Constitution telle que l'interprète le Conseil constitutionnel : les principes fondamentaux reconnus par les lois de la République et les principes particulièrement nécessaires à notre temps. Le Conseil constitutionnel peut, en outre, énoncer des principes généraux du droit constitutionnel s'imposant au législateur et donc à l'administration.

Très souvent, les principes généraux du droit sont tirés des déclarations de droits et des préambules constitutionnels, même si le juge ne l'indique pas, détachant ainsi ces principes de leur support scripturaire pour leur donner une pleine autonomie (8 juin 1973, *Dame Peynet* ; 3 févr. 1989, *Cie Alitalia* ; 2 oct. 2002, *CCI de Meurthe-et-Moselle*). Au contraire, il indique toujours la source des ***principes généraux du droit communautaire*** (CJCE, 17 avr. 1997, *SARL de Kerlast*).

▶ **Nomenclature des principes généraux du droit.** Cette liste ne cesse de s'étendre. Sont, des principes généraux du droit : le respect des ***droits de la défense*** (5 mai 1944, *Dame veuve Trompier-Gravier* ; 9 juin 2010, *Sté Cap sur l'avenir*), la ***non-rétroactivité*** des actes administratifs (25 juin 1948, *Sté du journal « L'Aurore »*) et des lois, sauf les lois pénales plus douces (7 juill. 1978, *Croissant*), la ***protection de la femme enceinte*** (8 juin

1973, *Dame Peynet*, précité), l'***existence d'un recours en cassation*** contre les décisions rendues en dernier ressort (7 févr. 1947, *d'Aillières*), l'***existence, même sans texte, d'un recours pour excès de pouvoir*** contre tout acte administratif (17 févr. 1950, *Min. de l'Agriculture c/ Dame Lamotte*), la ***publicité des débats judiciaires*** (4 oct. 1974, *Dame David*), le ***droit pour tout juge de prononcer astreinte*** (10 mai 1974, *Barre et Honnet*), le ***droit à « un minimum de rémunération »*** pour les agents publics même non titulaires (23 avr. 1982, *Ville de Toulouse c/ M*[me] *Aragnou*), le « droit au recours » (30 déc. 2013, *S*[té] *Apple Inc*, 347076), l'***indépendance des inspecteurs du travail*** (9 nov. 1996, *Union nationale CGT des affaires sociales et autres*), le ***libre choix du médecin*** par le malade (18 févr. 1998, *Section locale du Pacifique Sud de l'ordre des médecins*), l'***obligation de publier les règlements dans un délai raisonnable*** (12 déc. 2003, *Syndicat des commissaires et hauts fonctionnaires de la police nationale*), la ***sécurité juridique*** (24 mars 2006, *S*[té] *KPMG et autres*), les ***principes du droit de la commande publique*** (23 déc. 2009, *Établ. publ. du musée de Versailles*) ou ceux fixant la ***représentativité syndicale*** (11 oct. 2010, *Féd. synd. Rail Sud* ; 11 févr. 2013, *Féd. F.O. de l'équipement*), les principes dont s'inspire l'art. 1134 du code civil (3 juil. 2013, *Assoc. Paralysés de France*) .
Le plus important de ces principes est le ***principe d'égalité***, véritable « principe-gigogne », ainsi de l'égalité: ***entre usagers d'un même service public*** placés, au regard de ce service, dans une situation identique (29 déc. 1911, *Chomel*; 19 mars 1951, *S*[té] *des concerts du Conservatoire*; 26 avr. 1985, *Ville de Tarbes*) ; ***devant les diplômes nationaux***; égalité ***devant les tarifs publics*** (1er avr. 1938, *S*[té] *L'Alcool dénaturé de Coubert*); ***devant les charges publiques*** (30 nov. 1923, *Couitéas*); ***devant l'impôt*** (4 févr. 1944, *Guieysse*); ***dans l'utilisation du domaine public*** (2 nov. 1956, *Biberon*); ***dans l'accès aux emplois publics*** (3 juill. 1936, *D*[elle] *Bobard et autres*; 12 déc. 2003, *Billiemaz et autres*); ***des sexes*** (9 juin 1978, *min. Educ. nat. c/Bachelier*); ***devant la justice*** (5 juill. 1985, *CGT et CFDT*) ou ***devant le suffrage*** (13 nov. 1998, *M. Le Déaut et autres*; 21 juin 2004, *Guinde*), etc.

▶ **La place hiérarchique des principes généraux du droit.** Ces principes s'imposent à tout acte administratif (y compris les ordonnances non encore ratifiées de l'article 38 de la Constitution) : 26 juin 1959, *Syndicat général des ingénieurs-conseils*. Ils ont une valeur soit « supra-décrétale » et « infra-législative » (R. Chapus) soit égale à celle de la loi. La loi peut donc y déroger et l'acte administratif ***conforme à une loi violant un principe général du droit*** n'encourra pas la censure du juge (18 juin 1958, *Syndicat des grossistes*; 17 mars 1995, *Syndicat des casinos autorisés de France*).

6. Les décisions prises par l'administration

Quatre principes illustrent leur fonction de source du droit administratif: **1°)** Chaque autorité administrative doit respecter ses propres règles (principe: « *Tu patere legem quam ipse fecisti* »). **2°)** Chaque autorité publique est dans son domaine de compétence soumise aux actes des autorités supérieures. **3°)** Entre les actes d'une même autorité ou de deux autorités, l'acte à portée réglementaire ou générale (même pris par un subordonné) l'emporte sur l'acte à portée individuelle (même pris par un supérieur hiérarchique). **4°)** Les autorités administratives ont l'obligation de prendre, même spontanément, les mesures d'application des lois et d'abroger ou modifier celles déjà prises, en cas d'évolution ou de disparition de la loi qu'elles mettent (ou mettaient) en œuvre.

B – Quelques conséquences du principe de juridicité

Le principe de juridicité a pour effet de nullifier les actes administratifs qui ne le respectent pas et d'imposer à ceux-ci d'être en harmonie avec lui.

1. La théorie des nullités en droit administratif

L'acte administratif violant la légalité est nul et encourt annulation. L'administration a l'obligation de faire cesser une illégalité en vertu du principe général du droit (3 févr. 1989, *Cie Alitalia*) : « *Quod nullum est nullum producit effectum.* » Ces nullités sont, le plus souvent, des ***nullités absolues*** (aisément contestables en justice), rares sont les nullités relatives (plus difficilement contestables). La plupart des nullités sont des ***nullités d'ordre public*** (pouvant être soulevées d'office par le juge).
Le droit public connaît une forme aggravée de nullité absolue : l'inexistence ; elle revêt deux formes. *L'inexistence matérielle* (acte imaginaire ou inventé : 28 févr. 1986, *COREP des Landes*) ne soulève pas de grandes difficultés. L'*inexistence juridique* pose d'importants problèmes. Elle caractérise un acte qui, bien qu'existant matériellement, est entaché d'une irrégularité grossière (il sera dit par le juge « *nul et de nul effet* » ou « *nul et non avenu* » : 18 janv. 2013, *Synd. magistrature*, 354218, ou encore « *nul et sans effets* » : 5 déc. 2011, *Robert X.*, 349062). Il peut être annulé ***indifféremment par le juge judiciaire ou par le juge administratif***, et son irrégularité peut être invoquée même ***après l'expiration des délais de recours*** (4 juill. 1980, *Zemma, a contrario*). L'administration ***peut retirer à tout moment*** un acte inexistant alors qu'un acte nul de nullité absolue ne pourrait l'être que dans le délai du recours contentieux (TA Clermont-Ferrand, 24 avr. 1990, *Préfet de la région Auvergne c/ Commune du Cendre*). Il peut être suspendu par le juge des référés (26 janv. 2007, *C^ne^ de Neuville-sur-Escaut*).
En principe, l'annulation de l'acte (ou partie d'acte) irrégulier a un effet rétroactif, l'acte étant censé n'avoir jamais existé (26 déc. 1925, *Rodière*) ; toutefois, lorsque les conséquences de cette rétroactivité seraient excessives au regard des divers intérêts en présence, l'annulation ne produira d'effet qu'à partir d'une certaine date, dans le futur, fixée par la décision juridictionnelle d'annulation (11 mai 2004, *Assoc. AC! et autres* ; 25 févr. 2005, *France Télécom* ; 27 oct. 2006, *sté Techna*).

2. La conformité des actes administratifs au droit

Le principe de juridicité induit cinq effets principaux.

1°) L'administration a l'obligation de prendre dans un délai raisonnable – même spontanément – les mesures d'exécution des lois ou des directives communautaires, faute de quoi elle commettrait une illégalité fautive (26 juill. 2011, *Dpt Alpes H[te] Provence*, 333546). Elle a, pareillement, l'obligation de les modifier ou de les abroger ou encore de prendre des mesures transitoires lorsque la législation applicable évolue, est abrogée ou est modifiée.

2°) L'administration choisit librement le moment ainsi que le mode de son intervention, mais sous une double limite : elle ne peut ni aboutir à un ***résultat manifestement contraire*** à celui voulu ou poursuivi par l'auteur de la règle supérieure, ni se soustraire, en matière d'ordre public, à l'obligation d'opérer une ***adéquation stricte*** des mesures prises à la situation en cause (23 oct. 1959, *Doublet*).

3°) Dans la mesure où les décisions de justice ne sont que l'explicitation de la légalité, l'administration est ***tenue de les exécuter***, en recourant, au besoin, à la ***force publique*** ; à défaut, elle engagerait sa responsabilité (2 mai 1962, *Caucheteux et Desmonts*). Dans le cas, cependant, où l'exécution forcée risque d'entraîner des troubles à l'ordre public, le juge peut considérer comme fondé le refus de l'administration de prêter le concours de la force publique pour exécuter un jugement ; le bénéficiaire du jugement aura alors droit – sur le fondement de la responsabilité sans faute à prouver – à réparation du préjudice subi (30 nov. 1923, *Couitéas* : refus d'expulser des nomades ; 3 juin 1938, *Société « La Cartonnerie et Imprimerie Saint-Charles »* : refus d'expulser des grévistes occupant une usine). Au contraire, pour la CJUE, la réparation pécuniaire ne vaut pas exécution du jugement (CJCE 9 déc. 1997, *Commission c/ France*).

4°) L'administration a l'obligation d'abroger soit sur demande des administrés (3 févr. 1989, *Cie Alitalia*) soit d'office les dispositions réglementaires illégales ou devenues sans objet (loi n° 2007-1787 du 20 déc. 2007), ainsi que certaines décisions individuelles irrégulières.

5°) L'expression « respect du principe de juridicité » désigne non une exigence de ***conformité*** des actes administratifs au droit, mais une exigence de ***compatibilité***, c'est-à-dire de non-contrariété, qui est donc plus souple.

C – La portée du principe de juridicité : pouvoir lié et pouvoir discrétionnaire

Le principe de juridicité s'impose à l'administration tantôt en ne lui conférant qu'un *pouvoir lié*, tantôt en lui laissant un *pouvoir discrétionnaire*, sous la réserve de l'*examen particulier des circonstances*.

1. Pouvoir lié et pouvoir discrétionnaire

Le pouvoir de l'administration est dit ***lié*** quand celle-ci est obligée d'agir dans un sens strictement conforme à la réglementation existante (21 juil. 2009, *Min. Écologie* ; v. aussi sur cette notion ; 18 déc. 2013, *X.*, 363232). Le pouvoir ***discrétionnaire*** désigne la situation de complète liberté dans laquelle se trouverait parfois l'administration. Ces deux termes sont idéaux et n'existent pas dans la réalité : l'administration n'est jamais – sauf rarissimes exceptions (10 déc. 1986, *Crépin-Lorédon*) – complètement libre, elle dispose toujours d'une certaine liberté (pour la délivrance d'un certificat, par exemple) ; l'administration n'est jamais complètement libre de faire ce qu'elle veut, elle doit toujours respecter une part de légalité (pouvoir d'un jury d'examen, par exemple). Son pouvoir oscille entre un minimum de liberté (pouvoir lié) et un minimum de légalité (pouvoir discrétionnaire). C'est d'ailleurs une illégalité, pour l'administration de se croire, à tort, en situation de compétence liée (4 oct. 2010, *Pascal X.*, 326231)

2. La définition du pouvoir discrétionnaire

Le pouvoir discrétionnaire est une notion limite. Le silence de la loi et, plus largement, du droit positif, sur un point donné, ouvre à l'administration une **présomption** de discrétionnalité, c'est-à-dire une marge de liberté d'action : celle-ci se transformera ou non en discrétionnalité pure et simple selon qu'elle sera ou non confirmée par le juge appelé à se prononcer. En pratique, l'administration jouira d'un pouvoir discrétionnaire quand, dans une situation de silence juridique, elle ne se verra pas imposer de conditions supplémentaires de légalité par le juge.

Dans chaque acte, il y a plus ou moins de pouvoir discrétionnaire, mais il n'existe pas d'***actes discrétionnaires*** par nature (note Hauriou sous l'arrêt *Grazietti*, 31 janv. 1902). C'est pourquoi il n'y a pas d'incompatibilité de principe entre l'existence d'un pouvoir discrétionnaire et l'existence d'un certain contrôle juridictionnel. Ce contrôle est alors ***réduit*** tout en étant graduel, l'existence d'un contrôle de l'***erreur manifeste d'appréciation*** révélant la nature discrétionnaire d'un pouvoir (25 nov. 2011, *Conféd. de praticiens d'hôpitaux*, 340042).

3. L'obligation d'examen particulier des circonstances

Toutes les fois qu'elle dispose d'un pouvoir discrétionnaire pour prendre une décision, l'administration a l'obligation, préalablement, de procéder, dans chaque cas, à l'examen particulier des circonstances de l'affaire (7 août 1920, *Secrettan*) ou de la situation personnelle de l'intéressé (1er oct. 2012, *Hugues X.*, 348420) sur laquelle elle s'apprête à décider. Ceci permet une correcte adéquation de la décision aux éléments de droit et de fait concrets : c'est la raison de l'attribution d'un pouvoir discrétionnaire, c'est-à-dire une importante marge de manœuvre.

II. Les atténuations au principe de juridicité

La soumission de l'action administrative au principe de juridicité n'est pas permanente : y échappent certains actes de l'administration (A), et, en vertu de la théorie des circonstances exceptionnelles, quelques situations de fait ou de droit (B).

A– Les actes de gouvernement

Les « ***actes de gouvernement*** » sont des décisions prises par le pouvoir exécutif qui ne peuvent être examinées – et donc censurées – par aucune juridiction (TC, 2 févr. 1950, *Radiodiffusion française*; TC, 24 juin 1954, *Barbaran* ; 2 mars 1962, *Rubin de Servens et autres*).

1. La nomenclature des actes de gouvernement

L'évolution jurisprudentielle a consisté à réduire notablement le nombre et les catégories de décisions qualifiées d'« actes de gouvernement ».

➜ La liste des actes de gouvernement

Cette théorie jurisprudentielle recouvre aujourd'hui deux domaines principaux :

▸ **Les relations entre les pouvoirs constitutionnels.** Cela concerne certaines décisions du chef de l'État : recours à l'article 16 (2 mars 1962, *Rubin de Servens et autres*), recours au référendum, dissolution de l'Assemblée nationale, décret de promulgation d'une loi (3 nov. 1933, *Desreumeaux*), désignation d'un membre du Conseil constitutionnel (9 avr. 1999, *Mme Ba*), convocation du Parlement en Congrès (28 févr. 2005, *Mekhantar*), refus de soumettre un projet de loi constitutionnelle au parlement (20 janv. 2014, *X.*, 372883). Cela concerne aussi le règlement d'accès à ses archives établi par le Conseil constitutionnel (25 oct. 2002, *M. Brouant*), le régime des pensions de retraite des parlementaires (4 juill. 2003, *Papon*).

▸ **La conduite des relations diplomatiques de la France.** Cela concerne l'exercice des compétences diplomatiques (4 mars 1970, *Desdame*), la procédure de conclusion des traités internationaux (29 mars 1935, *Eudes et Cie*), la protection diplomatique (28 juin 1967, *Sté des transports en commun de la région d'Hanoï*), un acte de guerre (intervention au Kosovo : 5 juill. 2000, *M. Mégret et M. Mekhantar* ; 15 oct. 2008, *René-Georges X.*).

➜ L'évolution de la jurisprudence relative aux actes de gouvernement

À l'origine, le juge qualifie d'acte de gouvernement l'acte à mobile politique ou « acte politique » (1er mai 1822, *Laffitte*) dont il se refuse à connaître. Le Conseil d'État renverse sa jurisprudence dans une décision de principe (19 févr. 1875, *Prince Napoléon*). Désormais, il examine cas par cas s'il est en présence d'un acte de gouvernement, sans se soucier de savoir si l'acte obéit à des considérations politiques (25 sept. 1998, *Mégret*; 30 déc. 2003, *Comité contre la guerre en Irak* ; 12 fév. 2014, *X. et autres*, 373545).

2. Interprétations doctrinales de l'acte de gouvernement

L'existence d'actes de gouvernement est irritante pour le juriste car elle constitue une faille dans le principe de juridicité, ce qui est difficile à admettre dans un État de droit. Pour ***certains auteurs***, l'acte de gouvernement n'existe pas mais cette thèse est démentie par le recours constant, en jurisprudence, à l'expression « *acte de gouvernement* » (29 sept. 1995, *Greenpeace*) ou à la réalité qu'elle recouvre (23 sept. 1992, *GISTI et MRAP*; 16 nov. 1998, *Lombo*). ***Un autre courant doctrinal*** voit dans l'acte de gouvernement un archaïsme en voie de disparition en raison de l'extension progressive de la précision et de la densité du contrôle juridictionnel (en ce sens: 15 oct. 1993, *Saniman*, ou 25 sept. 1998, *Mégret*, précité). Pour ***René Chapus***, tout gouvernement exerce deux fonctions, administrative et gouvernementale, cette dernière étant de nature politique: c'est elle qui correspond à la notion d'acte de gouvernement.

3. Le régime juridique des actes de gouvernement

Il est fondé sur la distinction entre actes détachables et actes rattachables.

▶ Si **l'acte en cause est détachable d'un acte de gouvernement,** c'est-à-dire s'il peut être examiné indépendamment de ce dernier parce qu'il forme en lui-même un tout autonome, il est soumis au régime habituel des actes de la puissance publique; cas de l'acte détachable soit d'un traité international (5 févr. 1926, *Dame Caraco*; 28 janv. 1948, *Lecanu*; TC, 2 déc. 1991, *Préfet de Paris et COFACE c/ Cie financière du CIC et de l'Union européenne*) soit des relations exécutif-législatif (27 oct. 1961, *Le Regroupement national*; 4 nov. 1959, *Garnier*), cas de la décision du président de la République de consulter la population d'un département d'outre-mer (4 déc. 2003, *Feler*).

▶ Si **l'acte en cause est un acte de gouvernement ou s'il n'est pas détachable d'un acte de gouvernement,** c'est-à-dire que son examen ne peut pas s'effectuer sans référence à ce dernier (20 déc. 2013, *X. et autres*, 335235), il bénéficie d'une *immunité juridictionnelle*. Celle-ci est partielle lorsque l'acte est une convention internationale car en ce cas peut être engagée la responsabilité de l'État du fait des dommages causés par l'incorporation de cette convention en droit interne français (30 mars 1966, *Cie générale d'énergie radioélectrique*; 29 déc. 2004, *Almayrac* ; 11 fév. 2011, *Susilawati*, 325253). Cette immunité est absolue lorsque l'acte n'est pas une convention internationale ou n'est pas détachable d'une telle convention.

L'existence d'actes de gouvernement, donc injusticiables, n'est pas jugée contraire à l'art. 13 de la Convention EDH (CEDH 14 janv. 2006, *Markovic c/ Italie*).

B- La théorie des circonstances exceptionnelles

L'expression « *circonstances exceptionnelles* » désigne toute perturbation grave de la vie sociale entraînant l'***impossibilité pour les pouvoirs publics de respecter les prescriptions juridiques s'imposant normalement à eux***, ce qui conduit à réduire voire anéantir les exigences du principe de juridicité.

Les ***hypothèses principales*** de circonstances exceptionnelles sont : la guerre en général, une grève générale des chemins de fer en 1938 (18 avr. 1947, *Jarrigion*), certains actes de l'Occupant allemand de juin 1940 à juin 1944 (13 déc. 1957, *Barrot et autres*), la situation indochinoise en 1951 et 1952 (10 déc. 1954, *Andréani*), celles de Madagascar en 1947 (7 janv. 1955, *Andriamiseza*), de l'Algérie en 1960 (15 oct. 1965, *Union fédérale des magistrats et Sieur Reliquet*), de la France continentale le 18 juin 1968 (12 juill. 1969, *Chambre de commerce de Saint-Étienne*), de la Guadeloupe en 1976, par suite de la menace d'éruption du volcan de la Soufrière (18 mai 1983, *Félix Rodes*).

Cette théorie est donc dangereuse car elle peut ouvrir la voie à toutes sortes d'abus. Pour cette raison, le juge a construit une « légalité pour le temps de crise » : l'assouplissement de la soumission de l'administration au droit ne saurait lui conférer un blanc-seing. Cela résulte d'une suite d'arrêts célèbres rendus à l'occasion de diverses guerres. Pour la **guerre de 1914-1918** : 28 juin 1918, *Heyriès* (accroissement des pouvoirs du chef de l'État en temps de guerre) et 28 févr. 1919, *Dames Dol et Laurent* (extension des pouvoirs préfectoraux de police sur les prostituées). Pour la **seconde guerre mondiale** : TC 27 mars 1952, *Dame de la Murette*, (absence de caractère de voie de fait d'une illégalité commise en temps de guerre). Pour la **guerre d'Algérie** : 19 oct. 1962, *Canal et autres* (création d'une juridiction d'exception).

1. Conditions d'application

Ces conditions d'application sont au nombre de quatre.

1°) Le juge vérifie tout d'abord la ***réalité*** du caractère exceptionnel des circonstances en se référant aux conditions habituelles de la vie sociale.

2°) Il examine ensuite si ces circonstances ***portent bien atteinte*** à une mission essentielle dans une vie sociale normale.

3°) Il vérifie que l'administration ***n'avait pas la possibilité*** de faire face à ces circonstances par le recours aux moyens – généralement de police – habituels.

4°) Il s'assure enfin de l'exacte ***proportionnalité*** des mesures prises compte tenu, d'une part, de la gravité des dysfonctionnements rencontrés, d'autre part, du but à atteindre.

2. Application d'une « légalité » dérogatoire

La survenance de circonstances exceptionnelles provoque :

▶ d'une part, l'admission de **dérogations aux règles de forme** : seront estimés réguliers des actes qui seraient déclarés nuls en temps normal parce qu'entachés d'incompétence (26 juin 1946, *Viguier*; 16 avr. 1948, *Laugier*), voire d'usurpation de pouvoir (théorie des ***fonctionnaires de fait***: 7 janv. 1944, *Lecocq*; 5 mars 1948, *Marion*), ou gravement défectueux aux plans procédural ou formel (9 nov. 1945, *S[té] coopérative agricole « L'Union agricole »*; 16 mai 1941, *Courrent*) ;

▶ d'autre part, l'admission de **dérogations aux règles de fond** : des actes qui, en temps normal, eussent été annulés comme constitutifs de ***voies de fait*** en raison de leur irrégularité, pourront être, au vu des circonstances, considérés comme valides (exécution d'office sans attendre la décision de justice : 19 mai 1954, *Office publicitaire de France*; emprisonnement effectué sans recours à un juge : 19 févr. 1947, *Bosquain*; création d'une taxe sans respect des prescriptions légales : 7 janv. 1944, *Lecocq*).

3. Contrôle du juge

Les larges pouvoirs ainsi admis au bénéfice de l'administration n'excluent pas un ferme contrôle sur ceux-ci, en particulier leur durée, qui doit être limitée à celle des circonstances exceptionnelles (8 mars 1944, *Guy*), et leurs pouvoirs, qui doivent être strictement proportionnés au but poursuivi (14 janv. 1959, *S[té] française d'armements*; 23 oct. 1957, *Camy*) et à la gravité de la menace encourue.

C – L'institutionnalisation des circonstances exceptionnelles

Le statut jurisprudentiel des circonstances exceptionnelles a été relayé par une série de textes qui ont établi, dans des hypothèses spécifiques, rencontrées au cours de l'histoire de la France, des régimes *sui generis* applicables à diverses variétés de temps de crise. C'est le cas, notamment : 1°) de l'***état de siège*** (accroissement des pouvoirs de police de l'autorité militaire en temps de guerre : lois du 9 août 1849 et du 3 avril 1878) ; 2°) de l'***état d'urgence*** (accroissement des pouvoirs civils de police, limitation des libertés publiques : loi du 3 avril 1955 plusieurs fois modifiée). La décision administrative d'instaurer l'état d'urgence ou de refuser d'y mettre fin n'est pas un acte de gouvernement (14 nov. 2005, *Rolin*; 9 déc. 2005, *Allouache*) ; 3°) des ***pouvoirs spéciaux*** (accordés à plusieurs gouvernements pendant la guerre d'Algérie : lois de 1956, 1957 et 1960) 4°) de l'***organisation de la nation pour le temps de guerre*** (loi du 11 juillet 1938 modifiée puis codifiée tenant compte des effets de la guerre sur la vie économique du pays) ; 5°) du régime constitutionnel du temps de crise résultant de l'***article 16 de la Constitution de 1958***.

La soumission de l'administration au droit : le régime de la responsabilité civile de l'administration

Depuis l'arrêt *Blanco* (TC, 8 févr. 1873), le droit administratif de la responsabilité civile, donc extracontractuelle, est, en principe, indépendant des règles posées par le code civil. Celles-ci, lorsqu'elles concernent des rapports de droit égalitaires, sont inapplicables aux situations dans lesquelles est en cause la puissance publique. La responsabilité des personnes publiques met en jeu des intérêts contradictoires : d'une part, ne pas laisser les victimes sans réparation, d'autre part, ne pas paralyser l'action des services publics en rendant l'administration trop facilement responsable. Normalement fondée sur l'existence d'une faute, la responsabilité administrative connaît cependant de nombreux cas de responsabilité sans faute, qui sont toujours d'ordre public (15 mai 2012, *S[té] du Bourdeau*). En cas de concurrence entre elles, la responsabilité civile cède toujours devant la responsabilité contractuelle. Seront étudiés le fait dommageable (I), l'imputabilité du dommage, le préjudice et sa réparation (II), les règles de partage et de cumul de responsabilité au sein de l'administration (III) ainsi que les régimes spéciaux de responsabilité (IV).

I. Le fait dommageable

La victime (ou ses ayants droit) doit prouver qu'un fait commis par l'administration, ou par une décision ou une absence de décision administrative, ***lui a causé un préjudice***, soit par suite d'une ***faute***, soit ***en l'absence de faute***, et doit en rapporter la preuve.

A– La responsabilité fondée sur la preuve d'une faute

1. La notion de faute

Il y a faute quand le déroulement des faits dommageables ne coïncide pas avec le schéma idéal de déroulement attendu dans les circonstances en cause. La notion de faute recouvre une grande variété d'hypothèses.

▶ La faute peut trouver son origine dans **l'inertie, l'abstention** (4 févr. 2011, *Synd. Profession ostéopathe*) ou **l'inaction de l'administration**: abstention de prendre les ***mesures d'exécution ordonnées par une loi*** (24 juill. 1936, *Syndicat de défense des grands vins de la Côte d'Or*) ***ou par un règlement*** (22 oct. 2010, *Eliane X.*, 329247) ; incapacité à ***faire respecter une réglementation*** (9 juill. 1975, *Ville de Cognac*; 28 oct. 1977, *Commune de Merfy*); ***mauvaise organisation du service public*** (27 janv. 1988, *Min. de l'Éducation nationale c/ Giraud*); ***négligence dans la surveillance*** (23 sept. 1987, *M. et Mme Ouaras*); ***insuffisante protection des travailleurs utilisant l'amiante*** (3 mars 2004, *Min. de l'Emploi et de la Solidarité*, quatre arrêts) ; ***non-transposition en droit interne d'une directive communautaire*** (CJCE, 19 nov. 1991, *Francovich, Bonifaci et autres*; 5 mars 1996, *Brasserie du Pêcheur* et *Factortame* [III]) ***ou de ses objectifs*** (CAA Paris, 1er juill. 1992, *Sté Jacques Dangeville*).

▶ Ce peut être une **décision positive**: ***refus de communication d'un document*** pourtant communicable (10 juill. 1992, *Min. de l'Agriculture et de la Forêt c/ Touzan*); ***refus de constater l'état de catastrophe naturelle*** (10 févr. 1993, *Établissements Jean Diant et Cie*) ; caractère brutal d'une décision, même fondée (22 nov. 1929, *Cie des mines de Siguiri* ; CAA Paris, 8 nov. 2005, *Sté Exofarm*). Cette décision positive doit être ***illégale*** (22 févr. 1963, *Commune de Gavarnie, a contrario* ; 15 avr. 2011, *Usine du marin*, 322956) et n'avoir ***pas été validée*** par une loi (22 avr. 1970, *Sté « Établissements Louis Rémusat »* ; 11 mai 1979, *Boulenger*) avant que le juge ne se prononce. Toutefois, lorsque cette validation a un effet rétroactif, elle est normalement irrégulière.

▶ Ce peut être aussi une **recommandation** émise par un organisme consultatif (31 mars 2003, *Min. de l'Économie c/ S.A. Laboratoires pharmaceutiques Bergaderm*).

▶ Ce peut être encore un **renseignement erroné** en réponse à la demande d'un administré (10 juill. 1964, *Min. de la Construction c/ Duffaut*; 20 mars 1974, *Sieur Spenale* ; 20 janv. 1988, *M. Aubin*), un **refus de donner un renseignement** (1er févr. 1980, *Frances et autres*) ; un **engagement** (30 mai 2005, *Tordjman*) ou une **promesse non tenu**, à condition que celle-ci soit précise (24 avr. 1964, *Sté des Huileries de Chauny*) et ne constitue pas une simple information (19 nov. 1958, *Charny*), sauf si cela constitue une manœuvre délibérée (8 juin 1966, *Fondation « Les orphelins apprentis d'Auteuil »*).

▶ Ce peut être également un **abus de droit**, quand l'administration utilise des droits ou des pouvoirs qui lui appartiennent mais d'une façon manifestement contraire au but du texte (22 nov. 1929, *Cie des mines de Siguiri*).

▶ La faute peut consister dans le **retard** excessif à prendre ou à exécuter une décision (4 oct. 1972, *Delle Baudot*; 5 juill. 1935, *Dame veuve Mourton*) ou encore à rendre la justice (28 juin 2002, *Magiera*).

▶ La faute de loin la plus fréquente réside cependant dans **les agissements matériels**: imprudence, négligence, négligence coupable, légèreté, inobservation des textes, maladresse, erreur, malveillance, intention de nuire, etc.

2. Les hypothèses de faute lourde

Certains services, fonctionnant dans des conditions particulièrement difficiles, ne peuvent voir leur responsabilité engagée ***qu'en cas de faute lourde.*** Le juge doit alors constater que la faute revêt bien ce caractère. Depuis la décision du Conseil d'État du 10 avril 1992, *M. et Mme V.*, rendue en matière de responsabilité médicale, l'évolution de la jurisprudence tend à supprimer de nombreux cas où une faute lourde était, jusque-là, exigée: 20 juin 1997, *Theux* (service d'aide médicale urgente); 13 mars 1998, *Améon* (secours et sauvetage en mer); 29 avr. 1998, *Commune de Hannappes* (service de secours et de lutte contre l'incendie); 23 mai 2003, *Mme Chabba* (services pénitentiaires) ; Versailles, 11 sept. 2007, *consorts Cyrop* (contrôle de la navigation aérienne), 7 août 2008, *min. Agricult. et Pêche* (police phytosanitaire) ; 16 févr. 2014, *X.*, 360677 (dommages résultant de l'établissement et du recouvrement des créances non fiscales), etc.

Les principaux services dont la responsabilité ne peut – encore – être engagée que par une faute lourde sont:

- ***les services judiciaires*** (art. 11 de la loi n° 72-626 du 5 juill. 1972), où la faute lourde est appréciée largement (Cass. plén., 23 févr. 2001);
- ***les services de tutelle*** (29 mars 1946, *Caisse départementale d'assurances sociales de Meurthe-et-Moselle c/ État*; 27 oct. 1971, *Markovitch*, solution implicite; 20 nov. 2001, *M. et Mme Kechichian*), malgré une importante décision en sens contraire (CAA Marseille, 21 janv. 1999, *Min. de l'Intérieur c/ Commune de Saint-Florent et autres*) non retenue par le Conseil d'État (6 oct. 2000, mêmes parties);
- ***le service des mines***, pour l'ensemble de ses activités semble-t-il (24 mars 1976, *Dame veuve Thiémard*).
- Il en va également ainsi – résiduellement – ***de certains services de police*** (10 févr. 1905, *Tomaso Grecco*), pour lesquels une distinction est établie: les *activités juridiques* engagent en principe la responsabilité de la police pour faute simple (23 mai 1958, *Consorts Amoudruz*) sauf au cas d'urgence ou d'action décidée sur le terrain (nécessité, alors, d'une faute lourde: 21 juin 1972, *Foucault*; 21 févr. 1958, *Commune*

de Domme). Les *activités matérielles* de la police, du moins certaines d'entre elles, relèvent du régime de la faute lourde (contrôle de la circulation automobile : 17 juill. 1953, *Arrous* ; 16 mars 1956, *Époux Domenech.*)

B– La responsabilité sans faute à prouver

Bien qu'elle n'y soit pas de principe, la responsabilité non fondée sur une faute prouvée est très fréquente en droit administratif. La victime, dans ce système de responsabilité, se bornera à établir un ***lien de causalité*** entre le dommage subi et une activité administrative, sans avoir à prouver en outre, et cela est capital, l'existence d'une faute. L'invocation d'une responsabilité sans faute constitue une ***cause juridique*** distincte de la responsabilité pour faute (CAA Douai, 1er juill. 2003, *SA Sogetra*). Ce régime de responsabilité, qui est d'ordre public (15 mai 2012, *Sté du Bourdeau*, 331262), trouve à s'appliquer principalement dans les domaines suivants.

1. Les choses dangereuses

Sous cette appellation, on regroupe des objets et des procédés stockés ou utilisés par certains services publics et qui font courir des risques graves (exception faite des tirs de feu d'artifice : 30 mars 1979, *Moisan*). On peut citer : **1°)** ***l'usage d'armes dangereuses par les services de police***. Lorsque la police utilise de telles armes, sa responsabilité est engagée pour faute simple à l'égard des personnes visées par l'opération de police (27 juill. 1951, *Dame Aubergé et Sieur Dumont*), et sans faute à prouver pour les dommages causés aux tiers, non visés par cette opération (24 juin 1949, *Consorts Lecomte* ; 1er juin 1951, *Époux Jung*) ; **2°)** ***les installations de gaz et d'électricité*** ; **3°)** ***les essais en vol d'aéronefs*** en vue de la délivrance du certificat de navigabilité (18 avr. 1980, *SNIAS et Cie d'assurances maritimes, aériennes et terrestres*).

2. Les travaux publics

En ce qui concerne les dommages de travaux publics, il existe une distinction :

- envers le ***participant***, la responsabilité est fondée sur la faute prouvée ;
- envers le ***tiers***, la responsabilité est engagée sans faute à prouver (28 mai 1971, *Département du Var c/ Entreprise Bec Frères*) ;
- envers l'***usager***, elle est fondée sur l'exigence d'une faute, mais la jurisprudence permet à ce dernier d'invoquer un « *défaut d'entretien normal* », ce qui a pour effet de mettre à la charge de l'administration la preuve qu'elle entretenait normalement le bien (19 mai 1961, *Entreprise de travaux publics Daniel*). Le défaut d'entretien normal n'est pas une présomption de faute mais un régime de responsabilité sans faute.

Le défaut d'entretien normal ne s'applique pas quand la défectuosité était ***connue*** des usagers (24 juil. 2009, *CCI de Bastia*), ou trop ***minime*** (excavations ou exhaussements des voies publiques inférieurs à 50 millimètres), ou ***légitimement incon-***

nue des services, ou ***trop récente*** pour avoir pu être réparée en temps utile (26 janv. 1977, *Commune de Villeneuve-le-Roi*).

Le régime de responsabilité sans faute institué par la jurisprudence dans le cas de l'ouvrage exceptionnellement dangereux (6 juill. 1973, *Min. de l'Équipement et du Logement c/ Dalleau*) semblait avoir été abandonné jusqu'à une décision du 8 août 2008, (*Pierre X.*, 290876 confirmée par 8 juin 2011, *Caisse de compensation des services sociaux*) qui lui a redonné une certaine vigueur.

3. Les méthodes pénitentiaires, psychiatriques et éducatives libérales

▶ Les **pratiques pénitentiaires** contemporaines tendent à favoriser la réinsertion sociale des délinquants condamnés en leur permettant l'exécution de certaines peines ou parties de peines hors du milieu carcéral. Elles font courir des risques graves aux tiers (lesquels peuvent être des membres de la famille à laquelle appartient l'auteur du dommage : 6 déc. 2012, *min. de la Justice*, 351158), d'où la réparation des dommages en résultant sans qu'il soit besoin de prouver une faute. Il en va ainsi pour les ***mineurs délinquants*** (9 mars 1966, *Min. de la Justice c/ Trouillet*; 19 déc. 1969, *Établissements Delannoy*; 5 déc. 1997, *Garde des Sceaux c/ Pelle*) ou pour les actes délictueux ou criminels commis par des détenus bénéficiant de « ***permissions de sortie*** » (CAA Nantes, 10 avr. 1997, *Consorts P. et M. F.* ; TC, 3 juill. 2000, *Garde des Sceaux c/ Consorts Primau*), d'un régime de ***semi-liberté*** (29 avr. 1987, *Garde des Sceaux c/ Banque Populaire de la région économique de Strasbourg*), d'un régime de ***libération conditionnelle*** (même arrêt) ou de ***libération anticipée*** (15 févr. 2006, *Min. Justice*).

▶ Ce régime a été étendu aux mineurs non délinquants faisant l'objet de mesures d'**assistance éducative** (11 févr. 2005, *GIE Axa Courtage*).

▶ Des **méthodes psychiatriques** s'inspirent de la philosophie décrite ci-dessus, avec les sorties « ***à l'essai*** » des malades mentaux. Lorsque ces sorties sont le résultat d'un choix thérapeutique (placement familial surveillé), les dommages qui peuvent en résulter engagent sans faute la responsabilité de la puissance publique (13 juill. 1967, *Département de la Moselle*). Si, en revanche, elles ne résultent pas d'un choix (cas de sortie définitive, d'hospitalisation en service libre), il est nécessaire de prouver qu'une faute est à l'origine du dommage (Douai, 10 avr. 2007, *ACM et autre*).

4. Le risque anormal de voisinage

Lorsque le voisinage de services publics produit des dommages excédant par leur gravité ou par leur durée les troubles normaux de voisinage, la responsabilité de l'administration est engagée sans faute à prouver (28 mars 1919, *Regnault-Desroziers*, à propos du stockage défectueux d'explosifs).

5. Le risque professionnel

En dehors de toute faute de sa part, l'administration doit garantir les personnes qui collaborent à son activité, même à l'étranger, des dommages qu'elles en subissent.

Il en va ainsi :

1°) des ***ouvriers de l'administration*** (*Cames*, du 21 juin 1895) ;
2°) des ***fonctionnaires*** (existence d'un régime particulier de réparation) ;
3°) des ***requis*** (régimes législatifs de responsabilité sans faute) ;
4°) des ***collaborateurs bénévoles de la puissance publique.*** Ceux-ci prêtent leur concours à une opération de service public et, lorqu'ils en subissent un dommage, la personne publique bénéficiaire de ce concours sera responsable sans faute si les ***cinq conditions*** suivantes sont remplies : **1)** il doit s'agir d'une ***collaboration*** et non d'une ***simple participation*** (***active*** ou ***passive***) ; **2)** l'action du collaborateur doit s'insérer dans une ***opération de service public*** (22 nov. 1946, *Commune de Saint-Priest-la-Plaine* ; 13 juill. 1966, *Leygues* ; 24 janv. 2007, *Suva*) ; **3)** ***l'intervention doit avoir été requise*** par une autorité publique ou ***tacitement acceptée*** par elle (24 oct. 1958, *Commune de Clermont-L'Hérault*) ou commandée par « ***l'urgente nécessité*** » (11 oct. 1957, *Commune de Grigny*) ; **4)** la personne doit être ***extérieure à l'administration*** (la qualité d'agent public exclut celle de collaborateur bénévole en raison du lien organique existant entre l'administration et l'agent public : CAA Bordeaux, 18 déc. 2003, *CPAM du Béarn et de la Soule*) ; **5)** ***la responsabilité*** de la personne publique bénéficiaire de la collaboration ***ne doit pas se trouver écartée*** par la faute de la victime ou par la force majeure (31 mars 1957, *Commune de Bricy*).

6. La rupture d'égalité devant les charges publiques

Lorsqu'une personne subit un préjudice excessif par suite d'une mesure prise ou d'une action mise en œuvre par une personne publique dans l'intérêt général, elle a droit à réparation même en l'absence de faute (préjudice résultant d'une mesure prise au titre de la police des inondations [25 juil. 2007, *Leberger et autre*] ou de l'inexécution d'une décision de justice estimée mettre en péril l'ordre public : 30 nov. 1923, *Couitéas* ; 3 juin 1938, *S^té^ « La Cartonnerie et Imprimerie Saint-Charles »*, ou résultant de l'incendie volontaire ordonné dans un souci d'hygiène : 24 déc. 1926, *Walther*).
Il en va de même des dommages – à condition qu'ils soient ***spéciaux*** et ***anormaux*** – causés du fait de la Constitution (CAA Paris, 8 oct. 2003, *Mme Demaret*), des lois, des conventions internationales et des règlements légalement pris, ou par des mesures ou des abstentions administratives rompant l'égalité devant les charges publiques (23 mars 1984, *Min. du Commerce extérieur c/ S^té^ Alivar* ; CJCE, 9 déc. 1997, *Commission c/ France*). Il en va notamment ainsi dans les cas suivants.

→ Responsabilité du fait de la garde

La garde consiste à exercer un pouvoir de direction et de commandement sur une personne (TC, 17 déc. 2001, *Truchet*; 11 févr. 2005, GIE *Axa Courtage*) ou sur une chose (18 avr. 1980, *SNIAS*; 3 mai 2006, *Cne de Bollène*). Dans tous les cas où une personne publique assure par elle-même cette garde, ou la confie à une autre personne (publique ou privée), sa responsabilité est engagée sans faute à prouver en cas de dommage survenu à ce qui fait l'objet de la garde ou du fait de cette garde.

→ L'enrichissement sans cause

L'enrichissement sans cause se produit quand le patrimoine d'une personne s'accroît par suite de l'appauvrissement corrélatif du patrimoine d'une autre personne alors que ce déséquilibre n'est pas justifié (par exemple, financement par un particulier d'un raccordement de son terrain à l'égout, excédant ses seuls besoins: 18 juin 1980, *Duparc*).
L'« appauvri » dispose d'une action *de in rem verso*, qui est un cas de responsabilité sans faute, lequel est un principe général du droit existant même sans texte (14 oct. 1966, *Min. de la Construction c/ Ville de Bordeaux*; 30 janv. 1974, *Commune de Houilles*).

→ Dommages médicaux d'une extrême gravité et aléa thérapeutique

La jurisprudence (9 avr. 1993, *Bianchi*; dans le cas d'une circoncision rituelle: 3 nov. 1997, *Hôpital Joseph-Imbert d'Arles*; Lyon 26 sept. 2006, *Astier*: pour un donneur d'organes) avait institué une ***responsabilité sans faute*** du service public hospitalier en cas de dommages d'une extrême gravité résultant d'actes médicaux effectués en vue d'un diagnostic ou d'un traitement lorsque ces actes comportent un risque connu mais de réalisation exceptionnelle et auquel le patient n'est pas, normalement, exposé. Solution que confirme la loi du 4 mars 2002 relative aux droits des malades (art. 98), qui instaure une procédure amiable accélérée et obligatoire d'indemnisation lorsque le taux d'incapacité atteint au moins 25 % sous l'égide de l'*Office national d'indemnisation des accidents médicaux* (ONIAM).

→ Régimes législatifs de responsabilité pour risque

Les régimes législatifs de responsabilité sans faute visent des cas très divers: pensions d'invalidité des fonctionnaires, vaccinations obligatoires (lois de 1964 et de 1975), dommages de guerre (loi de 1946), énergie nucléaire (lois de 1965 et de 1968), attroupements et rassemblements, dommages causés aux élus locaux et aux membres des délégations spéciales dans l'exercice de leurs fonctions, détention provisoire causant « un préjudice manifestement anormal et d'une particulière gravité » (loi du 17 juill. 1970), etc.

C– La preuve de la faute

Celui qui allègue une faute de l'administration doit la prouver. Le juge peut se contenter d'un ***commencement de preuve*** parce qu'il détient un pouvoir d'instruction très étendu pour rechercher les éléments susceptibles d'étayer sa conviction (contamination sanguine par l'hépatite C : 10 oct. 2003, *Mme T. et autres*). Il existe aussi des présomptions de faute analogues à celles du droit civil.

II. L'imputabilité du dommage ; le préjudice ; la réparation

Il s'agit de déterminer à qui attribuer le dommage afin que, si ce dernier présente les caractères exigés, sa réparation incombe à son auteur.

A– L'imputabilité du dommage

1. Le lien de causalité

L'existence d'un lien causal n'a d'effet qu'en l'absence de causes d'exonération ou d'atténuation de la responsabilité.

→ La notion de lien de causalité

Le « lien de causalité » entre un fait et un dommage doit être assez étroit même s'il n'est pas nécessairement le ***lien principal***, ni même le ***lien exclusif***. Il doit néanmoins être *certain* (10 juil. 2007, *Cne d'Ivry-sur-Seine* ; 6 déc. 2012, *min. Ecologie*, 343421). Entre les diverses théories explicatives de la causalité, le juge ne s'enferme pas dans un système *a priori*. Il adopte une attitude très intuitive : il n'y a pas de lien causal direct entre l'évasion d'un détenu et les meurtres commis par celui-ci quarante-huit jours plus tard (10 mai 1985, *Mme Élise Ramade et autres*), ou entre la permission de sortir accordée à un détenu et le meurtre qu'il a commis six mois après (27 mars 1985, *Min. de la Justice c/ Henry*). Le Conseil d'État exclut la théorie de l'équivalence des conditions (qui déclare causal le fait sans lequel le dommage ne se serait pas produit) au profit de la théorie de la causalité adéquate (5 mai 1986, *SA Otic-Fischer et Porter* : parmi les faits sans lesquels le dommage ne se serait pas produit est causal uniquement celui d'entre eux qui, par sa nature, est le plus en rapport avec l'événement dommageable ; 16 mai 2012, *C^ne^ de Beautheil*, 338371).

→ Les causes d'atténuation ou d'exonération de responsabilité

La responsabilité de la puissance publique peut être atténuée, voire exclue, dans certains cas. On n'étudie pas le ***cas fortuit***, cette prétendue cause d'exonération n'existant pas en réalité, malgré une certaine doctrine dominante.

▶ **Trois causes d'exonération sont communes aux deux catégories de responsabilité (pour faute et sans faute) :**

1°) ***La faute de la victime.*** Sauf en cas de harcèlement moral où elle ne constitue jamais un motif d'atténuation de la responsabilité de l'auteur du harcèlement (11 juill. 2011, *Geneviève X.*, 321225), cette faute est toujours exonératoire lorsqu'elle a joué un rôle exclusif (31 mai 2013, *X.*, 348307) ou atténuatoire (20 juin 2007, *X.*, 256974). Ainsi, la construction d'une usine sans solliciter les permissions réglementaires (4 févr. 1955, *Sté des Établissements H. Signolle*), l'imprudence de la victime (17 nov. 1961, *Époux Edme*), le stockage d'un matériel dans un lieu particulièrement exposé (10 avr. 1974, *Ville de Cannes c/ Sté « Institut d'héliothérapie »*), la participation à une rébellion de détenus (12 févr. 1971, *Sieur Rebatel*), la baignade dans un plan d'eau sans savoir nager (9 mai 1980, *Commune de Ladignac-le-Long*), la perte d'un document (30 nov. 1973, *Dame Élie*), l'usage d'un produit interdit (CAA Bordeaux, 10 sept. 2002, *Sté Voréal)*, etc.

2°) ***La force majeure.*** L'événement de force majeure est celui qui revêt ***simultanément*** trois caractères: ***imprévisibilité***, ***irrésistibilité*** et ***extériorité*** par rapport à la volonté des personnes en cause: une tempête d'une puissance exceptionnelle (8 janv. 1959, *Min. de l'Éducation nationale c/ Spinelli*) ou un orage d'une rare violence (26 juin 1963, *Calkus*).

3°) ***L'exception de risque accepté.*** Elle constitue une cause d'exonération car la victime n'a subi un dommage qu'en raison du risque qu'elle a sciemment pris (10 juill. 1996, *Meunier;* 4 avr. 2005, *Bonnafoux* ; 22 avril 2013, *X. et autres*, 351392).

▶ **Une cause d'exonération est propre à la responsabilité pour faute: le fait d'un tiers.** Le fait d'un tiers exonère l'administration de sa responsabilité seulement dans l'hypothèse où la responsabilité est fondée sur la faute; elle est irrecevable dans le cas de responsabilité sans faute, l'administration disposant, en ce cas, d'une action récursoire contre le tiers responsable (5 déc. 1962, *Sté « Les gorges du Pont du Diable »*).

2. La personne publique (ou privée, gérant un service public administratif) responsable

La victime ne peut demander réparation du préjudice qu'à la personne publique – ou, à certaines conditions, privée (11 déc. 2000, *Agofroy*) – responsable (17 oct. 2011, *ville de Paris*, 340291); en effet, les diverses personnes publiques, toutes dotées d'un budget propre, ne sont pas interchangeables.

La personne publique débitrice de l'obligation de réparer est celle pour le compte de laquelle était effectuée l'activité cause du dommage, c'est-à-dire non pas celle au profit ou au bénéfice de laquelle l'auteur du dommage agissait, mais bien plutôt celle de laquelle il dépendait dans l'accomplissement de sa tâche, celle qui lui donnait des

ordres (9 févr. 1966, *C^{ne} de Palavas-les-Flots* ; 19 févr. 2007, *Clément*). Ce ne sera pas forcément la collectivité rémunératrice (14 déc. 1934, *Josselme*).
Lorsque plusieurs personnes publiques sont coauteurs d'un dommage, la victime peut réclamer réparation de la totalité de celui-ci à l'un quelconque de ces coauteurs, solidairement obligés (15 oct. 1976, *District urbain de Reims*).

B– Le préjudice indemnisable

Même si une faute existe, il n'y a pas de réparation possible sans un préjudice (Bordeaux 30 nov. 2006, *H.*) revêtant certains caractères.

1. Un préjudice direct

Le préjudice doit, pour être réparable, être ***étroitement lié*** (14 févr. 1997, *CHR de Nice*) à une action - ou inaction - de l'administration.

▶ **Sont des préjudices directs**: l'immobilisation d'un véhicule endommagé par un affaissement de la chaussée (23 oct. 1970, *S^{té} Renaudin et Cie*), la ruine d'immeubles par suite d'infiltrations d'eau (17 déc. 1971, *Sieur Véricel et autres*), le dommage subi par une société du fait de barrages routiers (7 févr. 2005, *Sté GEFCO*).

▶ **Ne sont pas,** en revanche, **des préjudices directs**: les droits de succession dus par suite du décès d'une personne imputable à un service public (28 mars 1953, *Dame Éven*), la faillite d'un commerçant du fait de la délivrance à l'un de ses concurrents d'un permis de construire illégal (17 janv. 1975, *Marion*).

2. Un préjudice certain

L'exigence d'un préjudice certain exclut l'indemnisation du préjudice simplement ***éventuel*** (21 févr. 1951, *Dame veuve Lion*) ou hypothétique dont on ne sait pas s'il se produira, mais permet celle du préjudice ***futur*** si sa réalisation est d'ores et déjà certaine.
L'exigence d'un préjudice certain soulève des difficultés lorsque la victime invoque la perte d'une chance (5 juill. 2006, *Hudelot* ; 21 déc. 2007, *S^{té} Bretim*) ou se trouve en état de coma végétatif.

3. Un préjudice matériel et/ou moral

Si la réparation du préjudice matériel n'a jamais fait difficulté, il n'en est pas allé de même pour le préjudice moral. Longtemps, le Conseil d'État n'accepta d'indemniser que les préjudices évaluables en argent: dommages matériels, mais aussi troubles causés « ***aux conditions d'existence*** ». Il refusait en revanche la réparation de la ***douleur morale*** (« *Les larmes ne se monnaient point* »), n'admettant de réparation que pour certains ***préjudices moraux*** qui lui paraissaient évaluables en argent (par exemple, le préjudice causé à un prêtre catholique par l'utilisation des cloches de son église à des fins purement civiles : 7 mars 1934, *Abbé Belloncle*; ou encore celui subi par une personne accusée à tort d'être l'agent propagateur d'une maladie vénérienne : 5 juill. 1957, *Département de la Sarthe c/ Delle Artus*). Puis il a fini par admettre la réparation de la douleur morale (24 nov. 1961, *Min. des Travaux publics c/ Consorts Letisserand*: indemnité accordée au requérant, qui faisait valoir son chagrin d'avoir perdu son fils et son petit-fils dans un accident imputable à l'administration), qui ne se confond pas avec la réparation des troubles causés « aux conditions d'existence ».

4. L'atteinte à une situation légitime juridiquement protégée ou non contraire au droit

La victime ne peut obtenir réparation lorsqu'elle a subi un préjudice du fait qu'elle se trouvait dans une situation non protégée ou directement contraire au droit (14 janv. 1938, *Cie générale de la Grande Pêche et Sté d'importation et d'exploitation*; CAA Nantes, 9 déc. 1993, *Sté morlaisienne des Eaux*). Ainsi, la réparation du préjudice causé à une personne du chef de dommages survenus à son concubin a longtemps été refusée. Elle a été admise (3 mai 1978, *Dame Müesser veuve Lecompte*) sous la condition que le dommage résulte d'une faute lourde. En revanche, le juge administratif répare sans difficulté le préjudice subi par une femme mariée mais séparée de fait de son mari depuis plusieurs années (19 mai 1961, *Entreprise de travaux publics Daniel*) ou la douleur causée à un enfant par la mort de la femme qui l'a recueilli au décès de ses parents (13 juill. 1956, *Min. des PTT c/ Béroud*). Au contraire, la naissance d'un enfant normal à la suite de l'échec d'un avortement n'est pas génératrice d'un préjudice de nature à ouvrir droit à réparation (2 juill. 1982, *Delle R.*).

5. Un préjudice spécial (uniquement en cas de responsabilité non fondée sur la faute)

Le « préjudice spécial » comprend à la fois et de manière indissociable, un préjudice d'une certaine gravité et un préjudice qui ne touche qu'un nombre limité de personnes (16 déc. 2013, *M. et Mme X.*, 355077 : nuisances sonores du fait de la proximité de courts de tennis).

→ Le préjudice spécial, préjudice d'une certaine gravité

Le préjudice spécial est celui qui ***excède le niveau moyen*** des dommages de même catégorie. Ce degré est évidemment variable : ainsi, le bruit engendré par une centrale nucléaire constitue un préjudice d'une gravité suffisante pour permettre sa réparation, à la différence des désagréments provoqués par la vue de la centrale, ses panaches de vapeur ou son éclairage permanent (2 oct. 1987, *EDF c/ Spire*). Toutefois, le détournement d'un courant de circulation étant un aléa normal inhérent au système des communications, il ne peut ouvrir droit à réparation (13 févr. 1924, *Cie PLM*; 2 juin 1972, *S^té^ des bateaux de la Côte d'Émeraude, dite « Les vedettes blanches »*), sauf s'il excède par son ampleur un certain degré de gravité (16 juin 2008, *M. et Mme X.*, 293857).

→ Le préjudice spécial, préjudice restreint à un petit nombre de victimes réelles ou potentielles

La spécialité du préjudice est en rapport avec le nombre de personnes concernées (29 oct. 1976, *Min. des Affaires étrangères c/ Dame Burgat et autres*). Les dommages subis par un propriétaire riverain, du fait des travaux entrepris pour lutter contre les inondations de la Durance, ne sont pas réparables, ne se distinguant pas de ceux que supporte tout riverain de ce cours d'eau (14 nov. 1962, *Pons*).

C– La réparation du dommage

Lorsque les parties tombent d'accord sur les conditions de cette réparation, il n'y a pas lieu de faire application de ce qui suit.

1. L'action en réparation

▶ **Règle de la décision préalable.** Sauf en matière de travaux publics, il ne peut être réclamé réparation au juge qu'après avoir essuyé un refus (total ou partiel) de l'administration préalablement saisie d'une demande d'indemnité.

▶ **Obligation de réclamer à l'administration réellement débitrice** (v. p. 35-36).

▶ **Saisine de la juridiction compétente.** Ce sera, normalement, la juridiction administrative, sauf ***exceptions législatives*** (sécurité sociale, dommages causés par des véhicules, ainsi un hélicoptère : TC, 21 mars 2005, *S^té^ française de prévention*) ou ***jurisprudentielles*** (voie de fait, emprise irrégulière, SPIC, etc.).

▶ **Respect du délai de prescription quadriennale** (loi du 31 décembre 1968). Les dettes des personnes publiques (donc leurs obligations de réparation) sont éteintes le 31 décembre de la quatrième année qui suit celle au cours de laquelle s'est produit le fait générateur du dommage. Cependant, d'une part, ce délai est de dix ans en matière de responsabilité médicale (loi du 4 mars 2002), d'autre part, la forclusion d'une action en responsabilité pour risque n'entraîne pas automatiquement celle d'une action fondée sur la faute (10 août 2005, *Maigret*).

▶ **Ministère d'avocat.** Les recours contentieux en indemnité extracontractuelle ne peuvent être présentés que par le ministère d'un avocat, sauf en matière de travaux publics où la dispense d'avocat est totale.

2. Les modalités de la réparation

La réparation, qui doit être ***intégrale*** (*restitutio in integrum*), ne peut prendre la forme que d'une ***somme d'argent*** allouée à la victime; exceptionnellement, toutefois, le juge pourra décider une indemnisation en nature ou une réparation purement morale. Une ***transaction*** est toujours possible.

➜ La détermination du préjudice indemnisable

La réparation doit être aussi égale que possible au préjudice réellement supporté.

▶ **La date d'évaluation du préjudice.** Le Conseil d'État (21 mars 1947, *Cie générale des Eaux* et *Dame veuve Aubry*, deux arrêts) distingue entre :

1°) les ***dommages survenus aux personnes***, pour lesquels le principe est que le préjudice s'apprécie ***au jour de la décision de justice***, sauf retard excessif de la victime à saisir le juge (29 nov. 1961, *Min. de l'Intérieur c/ Herbin*) ;

2°) les ***dommages survenus aux biens***, qui s'apprécient ***au jour où ils ont été connus*** dans toute leur ampleur, sauf impossibilité, notamment financière, de réaliser, à cette date, les travaux de remise en état ou de reconstruction; en ce cas, ils seront estimés au jour où ils étaient ***réalisables*** (8 janv. 1958, *Consorts de Batz de Tranquelléon*; 2 mai 1962, *Caucheteux et Desmonts*).

▶ **Le calcul précis de l'étendue du dommage.** La victime a droit à la réparation de l'entier préjudice subi, mais elle n'a droit qu'à cela: ainsi, en cas de révocation illégale d'un fonctionnaire, le juge déduira de la somme allouée à titre de réparation les salaires que ce fonctionnaire a perçus dans l'emploi de remplacement qu'il a dû occuper par suite de cette révocation (6 déc. 2013, *C^ne^ d'Ajaccio*, 365155). S'agissant de la réparation des dommages survenus aux biens, elle ne peut pas excéder la valeur vénale antérieure du bien (6 mars 1964, *Brunet*). Lorsque les travaux, cause du dommage, ont procuré au bien endommagé une plus-value, celle-ci vient en déduction de l'indemnité (22 janv. 1969, *Ville de Libourne c/ Magne*).

➜ Le régime de l'indemnisation

L'indemnité est, en général, ***définitive***, ***intégrale*** et ***en argent***. En pratique, elle s'accompagne d'***intérêts.***

▶ **L'indemnité proprement dite.** Cette indemnité prend le plus souvent la forme d'un ***capital***, mais le Conseil d'État admet désormais plus aisément l'octroi de rentes indexées (12 juin 1981, *Centre hospitalier de Lisieux*). Cette indemnité est ***définitive***, sauf si elle n'a été allouée qu'à titre provisionnel (9 oct. 1970, *Sieur Gaillard*). Il est toujours possible à la victime de demander la révision des indemnités accordées lorsqu'une aggravation des dommages s'est produite postérieurement au jugement et qu'elle a la même cause que le dommage primitif (29 mars 1957, *Sté Solétanche*).

▶ **Les intérêts.** Ces intérêts sont susceptibles de comporter trois éléments :

1°) Les ***intérêts moratoires*** sont le « loyer » (lié à l'écoulement du temps) de l'indemnité accordée par le juge. Ils courent à compter du jour de la demande en paiement, au taux légal en matière civile (0,04 % en 2014). Ils sont dus de plein droit par l'effet de la condamnation au paiement du principal.

2°) Les ***intérêts compensatoires*** sont dus en cas de retard excessif générateur d'un préjudice prouvé. Le taux de l'intérêt légal (calculé pour une année entière) est majoré de cinq points à l'expiration d'un délai de deux mois à compter du jour où la décision de justice est devenue exécutoire, même par provision (loi du 11 juill. 1975, art. 3 ; 16 janv. 1987, *Ribot* ; 8 juin 2011, *Sté SEG Fayat*, 344394).

3°) La ***capitalisation des intérêts***, c'est-à-dire « les intérêts des intérêts », doit être expressément demandée par le requérant ; elle ne peut être refusée dès lors qu'est due au moins une année d'intérêts (4 mai 2007, *Sté Sapibat Guyane*).

III. Partage et cumul des responsabilités au sein de l'administration

Il importe de savoir si la faute, cause du dommage, a été commise par le fonctionnaire (faute dite « personnelle ») ou par le service en tant que tel notamment grâce aux moyens qu'il fournit (faute dite « de service »).

A– Faute de service et faute personnelle. La théorie des cumuls

Les régimes de la ***faute personnelle*** (application du droit civil et de la compétence judiciaire) et de la ***faute de service*** (application du droit administratif et de la compétence du juge administratif) étant très différents l'un de l'autre, il est indispensable de connaître la nature de la faute cause d'un dommage.

1. Faute de service et faute personnelle du fonctionnaire

Le principe est simple : la faute est, ***normalement***, une faute de service. Le dommage causé par l'organisation, l'existence, le fonctionnement ou tel élément constitutif d'un service public est le résultat d'une ***faute de service.***

Par exception, le dommage peut trouver sa cause dans une faute personnelle à un agent public. Dans une formule célèbre, Laferrière notait (concl. sur TC, 5 mai 1877,

Laumonnier-Carriol) qu'il y a faute personnelle quand l'acte en cause « *révèle l'homme avec ses faiblesses, ses passions et ses imprudences* ». Cette définition repose sur une conception subjective de la faute : la faute personnelle serait la faute ***intentionnelle,*** celle que son auteur a conscience de commettre. Cette conception s'oppose à celle d'une faute personnelle considérée objectivement : la faute personnelle serait alors soit la faute ***lourde,*** soit la faute ***sans rapport avec le but de la fonction exercée.***
La jurisprudence n'a pas pris parti entre ces deux conceptions, cependant :

1°) Elle considère comme faute personnelle toute faute commise complètement en dehors du service et sans aucun lien ou rapport avec celui-ci (26 janv. 2007, *M.* : diffamation d'un supérieur).

2°) Elle estime, assez rarement il est vrai, qu'il peut y avoir faute personnelle alors même que le dommage est causé ***pendant le service*** ou ***à propos de l'accomplissement du service*** (gardien de prison qui organise des vols avec les détenus : 11 mai 1953, *Oumar Samba Niang Harane* ; officier de police qui, pris de boisson alors qu'il assure l'ordre, tire sur les personnes tentant de le ramener à la raison : 1er oct. 1954, *Bernard* ; préposé des PTT en tournée qui porte des coups à un usager : TC, 21 déc. 1987, *Kessler c/ Thézenas* ; faute inexcusable d'un médecin qui ne révèle pas une erreur médicale : 28 déc. 2001, *Valette*).

3°) Elle juge que la ***faute pénale, qui est toujours intentionnelle,*** **n'est pas** une faute personnelle quand elle n'est pas **détachable des fonctions** (TC, 21 juin 2004, *X.* ; Cass. crim., 17 oct. 2007).

2. Le cumul des responsabilités

→ Les cas de cumul

Les cas de cumul sont nombreux parce qu'il est, en pratique, difficile de dissocier la part qui revient à l'administration et la part qui est imputable à l'agent. Souvent aussi, la faute personnelle n'a pu être commise que parce qu'il y a eu, auparavant, une faute de service. Deux cas principaux existent : cumul de fautes, ou faute unique susceptible d'une double qualification.

▶ **Cumul de responsabilités par cumul de fautes.** Dans ce cas, le dommage est le résultat cumulé de deux fautes (une faute de service et une faute personnelle), entraînant deux responsabilités. Ainsi, dans la décision de principe du 3 févr. 1911, *Anguet*, concernant un usager qui avait été blessé en se faisant expulser *manu militari* d'un bureau de poste, au motif – inexact – que l'heure de fermeture était passée, le Conseil d'État a jugé que le dommage résultait de deux fautes : la faute personnelle de l'agent qui avait brutalisé le sieur Anguet, et la faute du service qui s'était interrompu avant l'heure légale de fermeture. La déportation de Juifs de Gironde en 1942 et 1944 résulte d'une faute de service et d'une faute personnelle (21 avril 2002, *Papon*).

▶ **Cumul de responsabilités et faute unique doublement qualifiée.** Presque toute faute d'un agent public commise pendant le temps du service, ou en dehors du service ***mais non dépourvue de tout lien avec celui-ci*** (même si elle est grave et personnelle: 2 mars 2007, *S[té] BFCOI*), implique l'existence préalable nécessaire d'une faute de service : défaut de surveillance, manque de discernement ou encore fourniture (même involontaire) des moyens de causer le dommage. Pour qu'il y ait faute de service, doit exister entre la faute et le service soit un ***lien temporel*** (faute commise pendant le service: 26 juill. 1918, *Époux Lemonnier*; TC, 17 nov. 2003, *Préfet de la Gironde c/ Pouille*), soit un ***lien instrumental***. En ce second cas, la faute est commise en dehors du service, mais ce dernier a été le « moyen » de la faute et le dommage ne saurait « *être regardé comme dépourvu de tout lien avec le service* » : 18 nov. 1949, *Defaux, Besthelsemer* et *Delle Mimeur*, trois espèces; TC, 21 juin 2004, *Quitman*). Le lien avec le service est parfois des plus lointains, la présomption de faute de service n'étant alors qu'une fiction destinée, dans un souci d'équité, à fournir à la victime un « débiteur » solvable.

➜ Les conséquences du cumul

L'existence d'une situation de cumul ouvre à la victime un choix entre la poursuite de l'agent devant les juridictions judiciaires appliquant le droit privé, ou la poursuite de l'administration devant le juge administratif appliquant les règles du droit public, cette seconde solution étant le plus souvent celle choisie.

B – Les relations entre l'administration et ses agents en cas de responsabilité partagée ou exclusive

Jusqu'en 1951, l'agent public était irresponsable à l'égard de son administration (TC, 30 juill. 1873, *Pelletier*) mais, par deux arrêts de principe (28 juill. 1951, *Laruelle* et *Delville*), le Conseil d'État a posé les règles suivantes :

1°) **En cas de cumul de fautes à l'origine du dommage**, la victime dispose d'un droit d'option, ceci ne concerne que le stade de la ***contribution provisoire***: elle peut poursuivre, à son gré, soit l'administration, soit l'agent, ce qui règle définitivement les rapports de la victime avec la personne qu'elle a choisie de poursuivre.

2°) Entre l'administration et son agent, il est procédé, après détermination de la contribution provisoire, au règlement de la ***contribution finale***. Celle-ci répartit entre eux la charge de la réparation en fonction des fautes respectives constatées. La distinction faute personnelle-faute de service n'a pas la même portée à l'intérieur de l'appareil administratif (où elle est conforme à la réalité des faits: 2 mars 2007, *Banque franç. commerciale de l'Océan indien*) et dans les relations victime-personne poursuivie (où elle n'est souvent qu'une fiction secourable à la victime).

3°) **Lorsque la faute commise est détachable du service,** l'agent public est pécuniairement responsable envers son administration ; celle-ci peut, quand elle a été condamnée à payer pour le tout, former contre lui une ***action récursoire***. Lorsque plusieurs agents sont coauteurs du dommage, il n'y a pas solidarité entre eux au stade de l'action récursoire dont dispose l'administration : la contribution finale de chacun d'eux est proportionnelle à sa part propre de responsabilité. Cette action récursoire n'emporte pas ***subrogation*** aux droits de la victime (c'est-à-dire substitution à la victime dans les droits qu'elle pourrait ou aurait pu avoir contre l'auteur du dommage). Enfin, que l'action récursoire soit intentée par l'agent contre l'administration ou par cette dernière contre son agent, la compétence pour en connaître appartient exclusivement au juge administratif (TC, 26 mai 1954, *Moritz* ; 22 mars 1957, *Jeannier* ; 19 juin 1959, *Moritz*). Par application de la loi du 31 décembre 1957, quand le dommage résulte de l'utilisation d'un véhicule, la fixation de la contribution provisoire est faite par le juge judiciaire, celle de la contribution finale par le juge administratif.

IV. Les régimes spéciaux de responsabilité

Il existe à côté du droit commun, que l'on vient d'exposer (cf. I, II et III), des services publics soumis à des règles spéciales de responsabilité.

Lorsqu'ils sont de nature législative, les régimes spéciaux de responsabilité administrative dérogent *ipso facto* au régime général de responsabilité auquel ils se substituent entièrement. Ces régimes pullulent (v. par ex., pour la réparation des dommages résultant d'essais nucléaires, la loi du 5 janv. 2010) et on ne saurait les citer tous.

A– La responsabilité de l'État producteur de normes et de l'État juge

L'exercice par l'État de la fonction normative (pouvoir législatif, exercice du pouvoir constituant [CAA Paris, 8 oct. 2003, *M*me *Demaret*], édiction de règlements administratifs, souscription d'engagements internationaux), et celui de la fonction juridictionnelle peuvent produire des dommages ; ils sont désormais réparables.

1. La responsabilité de l'État à raison de sa fonction normative

➜ La responsabilité du fait des lois fondée sur la rupture de l'égalité devant les charges publiques

Longtemps, les dommages causés par une loi n'étaient pas réparables. La jurisprudence a ensuite admis la responsabilité du fait des lois (14 janv. 1938, *SA des produits laitiers « La Fleurette »*). C'est une responsabilité non fautive. Outre l'existence d'un lien de causalité directe entre la loi et le dommage (22 oct. 2003, *Paquet* ; 1er févr. 2012, *Bizouerne*), la réparation est subordonnée à deux autres conditions :

1°) ***Le législateur ne doit pas avoir manifesté la volonté d'exclure*** la réparation du préjudice causé par la loi, que cette volonté se déduise des ***termes mêmes de la loi*** (7 juin 1940, *Syndicat du commerce des blés*), des ***travaux législatifs préparatoires*** (22 avr. 1970, *Sté des Établissements Rémusat*) ou, à défaut, de « ***l'ensemble des circonstances de l'affaire*** » (14 janv. 1938, *SA des produits laitiers « La Fleurette »*, précité ; 3 déc. 1948, *Sté aéro-maritime de l'Atlantique*). Cette exigence est contraire à l'art. 6 § 1 de la Convention EDH (droit à un procès équitable).

2°) ***Le préjudice doit, à la fois***, être « ***d'une gravité suffisante*** » (excéder un certain seuil : 27 janv. 1961, *Vannier*) et revêtir « ***un caractère spécial*** » (toucher un petit nombre de personnes) puisqu'il s'agit d'une responsabilité sans faute à prouver.

→ La responsabilité du fait des lois violant le droit international

Le préjudice causé par le fait du non-respect, par une loi, d'une convention internationale engage « de plein droit » (formule bien obscure) la responsabilité de l'État. La réparation du préjudice sera entière et elle n'est pas subordonnée à la preuve de son caractère spécial et anormal (8 févr. 2007, *Gardedieu* ; Paris 4 avr. 2007, *Abolivier*).

→ La responsabilité du fait de l'incorporation des conventions internationales ou de l'application d'une règle coutumière internationale

Le juge admet cette responsabilité (30 mars 1966, *Cie générale d'énergie radioélectrique*), aux conditions cumulatives suivantes : **1°)** que la convention ait été ***incorporée*** dans l'ordre interne français (13 juill. 1979, *SA COPAREX*) et cela de façon régulière (selon une jurisprudence instable : 29 déc. 2004, *Almayrac* [non] ; 11 févr. 2011, *Susilawati* [oui]) ; **2°)** que le préjudice résulte directement ***de l'incorporation*** et non de la convention elle-même (28 juin 1967, *Sté des transports en commun de la région de Hanoï* ; 29 oct. 1976, *Min. des Affaires étrangères c/ Dame Burgat*) ; **3°)** que ni la convention ni la loi autorisant la ratification n'aient exclu l'indemnisation ; **4°)** que le préjudice soit grave et spécial. Dans le cas d'un dommage résultant directement de l'application par la France d'une règle contumière internationale le régime de réparation est le même (immunité diplomatique : 23 sept. 2011, *Om Hashem Saleh et autres*, 329788).

→ La responsabilité du fait des règlements légalement pris

Le préjudice résultant directement d'un règlement légal sera réparé, d'une part, si ce règlement ***n'a pas été pris dans un but d'ordre public*** (14 oct. 1955, *Sté Piscine Lutetia*) comme la répression d'activités interdites ou la défense d'un intérêt économique et social d'ordre général et, d'autre part, si le préjudice est ***spécial et anormal***

(22 févr. 1963, *Commune de Gavarnie*). Si le dommage est causé par un règlement illégal s'applique le régime de la responsabilité pour faute.

2. La responsabilité de l'État juge

La loi n° 72-626 du 5 juillet 1972 (art. 11) a mis fin au régime d'irresponsabilité de l'État à raison de la fonction juridictionnelle judiciaire. Selon ce texte: « *L'État est tenu de réparer le dommage causé par le fonctionnement défectueux du service de la justice. Cette responsabilité n'est engagée que par une **faute lourde** ou par un **déni de justice**.* »

▶ **Portée du principe de responsabilité de l'État juge.** Ce principe s'applique à la fois aux actes de nature juridictionnelle pris par les juridictions et aux actes matériels préparant ou exécutant les décisions de justice. Il vaut pour toute juridiction judiciaire, non pour les juridictions administratives: celles-ci sont soumises à un régime jurisprudentiel de responsabilité (29 déc. 1978, *Sieur Paul Darmont*).

▶ **Conditions de mise en jeu de la responsabilité de l'État juge.** Cette responsabilité peut être engagée pour ***déni de justice*** ou pour ***faute lourde*** (Cass. plén., 23 févr. 2001). Dans ces cas, « *l'État garantit les victimes des dommages causés par les fautes personnelles des juges et autres magistrats, sauf son recours contre ces derniers* ». La juridiction judiciaire est seule compétente pour connaître de l'action de la victime.
La responsabilité de l'État à raison de l'exercice de la fonction juridictionnelle administrative est de nature jurisprudentielle (29 déc. 1978, *Darmont*)

B– Autres cas particuliers de responsabilité

1. Les régimes d'aggravation de la responsabilité de la puissance publique

Ce sont le plus souvent des régimes de responsabilité sans faute.

→ Pensions d'invalidité des fonctionnaires

L'accident ***corporel*** causé à un fonctionnaire pendant le service et imputable au service public dont il relève, a longtemps fait l'objet d'une ***réparation forfaitaire*** excluant toute indemnisation supplémentaire (16 oct. 1981, *Guillaume et Germanaud*). Ce forfait avait une portée absolue et empêchait toute autre indemnisation. Puis le juge, après avoir admis une éventuelle réparation complémentaire, à un autre titre, s'il y a lieu (15 déc. 2000, *M. Castanet* et *Mme Bernard*, deux espèces), a abandonné la règle du forfait de pension (4 juill. 2003, *Mme Moya-Caville*). Le fonctionnaire a droit désormais à la réparation intégrale du préjudice corporel.

→ Accidents imputables à des vaccinations obligatoires

La loi (du 26 mai 1975 puis du 9 août 1984) décide que la responsabilité de l'État est engagée sans faute à raison d'une vaccination lorsque celle-ci est ***obligatoire***, pour tous les individus ou pour certains d'entre-eux seulement (risques professionnels). Cette réparation incombe à l'ONIAM (v. p. 33).

→ Conséquences dommageables des recherches biomédicales

La loi du 20 décembre 1988 institue une responsabilité sans faute au profit des personnes qui prêtent volontairement leur concours à de telles recherches sur leur propre corps.

→ Dommages provenant de l'énergie nucléaire

La gravité des dommages nucléaires justifie l'instauration par des conventions internationales (Paris, 1960; Bruxelles, 1962 et 1963, modifiées en 1964) et par des lois internes (12 nov. 1965, 30 oct. 1968) d'un régime de ***responsabilité sans faute aggravée*** puisqu'il n'existe aucune cause d'exonération. Il distingue entre la responsabilité de ***l'exploitant d'installations nucléaires***, et celle de ***l'exploitant d'un navire nucléaire***, responsabilités qui sont plafonnées à des niveaux successifs avec garantie de l'État, puis du Fonds interétatique institué par les conventions de Bruxelles précitées. La compétence pour connaître de ce contentieux appartient aux juridictions de l'ordre judiciaire.

→ Dommages de guerre

Les dommages de guerre ne donnent pas lieu, en principe, à réparation (23 juil. 2010, *S^té^ Touax et autre*), sauf texte contraire exprès qui intervient pratiquement toujours après un conflit. Étant un régime de solidarité nationale, il repose sur une responsabilité sans faute à prouver et il exclut les étrangers, sauf ceux ayant servi dans des formations militaires françaises.

→ Dommages subis par les élus locaux et présidents de délégations spéciales dans l'exercice de leurs fonctions

Les collectivités territoriales sont responsables, en dehors de toute idée de faute, des dommages (corporels ou matériels) subis par leurs élus et par les présidents de délégations spéciales dans l'exercice de leurs fonctions (6 juin 1969, *C^ne^ de Sains*).

→ Dommages causés par les attroupements et les rassemblements

L'État est responsable sans faute à raison de ces dommages (lois du 7 janvier 1983, art. 92, et du 9 janvier 1986, art. 27), envers les tiers comme envers les manifestants (TC, 24 mai 1965, *Roche*), que les dommages soient le fait des fauteurs de troubles eux-mêmes ou non, par exemple, s'ils sont causés par des forces de police chargées de rétablir l'ordre (TC, 2 déc. 1941, *Époux Cuvillier*). La compétence appartient désormais très clairement aux juridictions administratives (TC, 19 déc. 1988, *Santacroce*).

➜ Dommages causés par les aéronefs et les opérations spatiales

Les dommages (matériels ou corporels) causés à la surface du sol par les aéronefs engagent la responsabilité sans faute de leurs propriétaires (personnes privées ou publiques : 8 mars 1957, *Caisse primaire centrale de sécurité sociale de la région parisienne*), en vertu de la loi du 31 mai 1924. Seule la faute de la victime est exonératoire. La force majeure ne l'est pas. La loi du 3 juin 2008 institue un double régime de responsabilité, pour faute et sans faute, en matière de dommages résultant d'activités spatiales françaises.

➜ Dommages militaires causés en temps de paix

Lorsque les dommages militaires sont causés ***aux biens matériels***, le contentieux relève du juge judiciaire, juge « naturel » de la propriété privée ; lorsqu'ils sont causés ***aux biens incorporels ou aux personnes***, la compétence appartient au juge administratif. Ce principe doit être combiné avec les règles complexes instituées par diverses lois. Il s'agit d'une responsabilité sans faute.

➜ Dommages corporels résultant d'une infraction

Les victimes (ou leurs ayants droit) d'accidents corporels résultant de faits, volontaires ou non, ayant le caractère matériel d'infractions, peuvent obtenir une indemnisation de la part de l'État dans les conditions que précisent les textes (art. 706-3 à 706-13 du code de procédure pénale). Ce droit est également ouvert à l'assureur, subrogé dans les droits de l'assuré (art. L. 121-12 du code des assurances). Sont réparés, à ce titre, aussi bien les dommages corporels et matériels que le préjudice commercial (deux avis, 6 avr. 1990, *SNCF* et *Cofiroute* ; CAA Paris, 6 juin 1991, *SNCF c/ Min. de l'Intérieur*, sept arrêts).

➜ Dommages subis par les victimes d'actes de terrorisme

La réparation des ***dommages corporels*** est assurée par un Fonds de garantie, celle des ***dommages aux biens*** est assurée au moyen d'un prélèvement sur l'ensemble des contrats d'assurances de biens, ceux-ci ne pouvant exclure la couverture de cette garantie, du moins pour les dommages survenus en France.
C'est un régime de responsabilité sans faute.

➜ Indemnisation des victimes contaminées par le virus du Sida lors d'une transfusion sanguine

La loi n° 91-1406 du 31 décembre 1991 crée une responsabilité sans faute de l'État (26 mai 1995, *consorts Nguyen et autres*) envers les victimes atteintes du Sida par transfusion au moyen de produits sanguins.

→ Responsabilité environnementale

La loi du 1er août 2008, transposant une directive du 21 avril 2004, crée un régime complexe de réparation, notamment en nature, des dommages écologiques.

2. Les régimes de substitution de responsabilite de la puissance publique à ses agents

→ Véhicules administratifs

La ***loi du 31 décembre 1957*** attribue compétence exclusive aux tribunaux judiciaires pour statuer sur la réparation des dommages de toute nature causés par un véhicule quelconque même administratif (16 nov. 1992, *S.A. Entr. Razel Frères c/ Girard et autres*). Il doit s'agir réellement d'un véhicule et celui-ci doit être la cause déterminante du dommage, à défaut la compétence revient au juge administratif (TC, 12 déc. 2005, *GDF* et *France Télécom*, deux arrêts). La loi substitue la responsabilité de l'État à celle de ses agents, c'est une responsabilité pour faute.

→ Dommages causés aux élèves ou par les élèves de l'enseignement public, ou de l'enseignement privé sous contrat

La ***loi du 5 avril 1937*** substitue la responsabilité de l'État à celle de ses agents même lorsque le service public de l'enseignement relève d'autres personnes publiques (Lyon 12 déc. 2006, *Consorts T.*). La victime doit apporter la preuve d'une faute car la responsabilité de l'État ne peut être fondée ni sur le risque ni sur une présomption de faute (27 mai 1983, *Caisse primaire d'assurance-maladie des Ardennes c/ Soulard*). L'action contre l'État se prescrit par trois ans. Celui-ci dispose d'une action récursoire contre l'auteur réel du dommage causé à ou par un élève.

Les tribunaux judiciaires ont plénitude de juridiction quelle que soit la nature juridique (personnelle ou de service) de la faute commise (TC, 31 mars 1950, *Delle Gavillet*). Les juridictions administratives ne retrouvent leur compétence que si la faute est imputable à des ***agents publics étrangers au service de l'enseignement***, ou si l'accident résulte d'un ***dommage de travaux publics***, ou si est en cause un ***défaut d'organisation du service public de l'enseignement*** (3 nov. 1978, *CPAM de Béziers-Saint-Pons*).

→ Dommages causés par les services des assemblées parlementaires

En vertu de ***l'ordonnance du 17 novembre 1958***, l'État est responsable des dommages causés par les services (qu'il s'agisse ou non de personnes ayant la qualité de parlementaires) des assemblées parlementaires (Assemblée nationale, Sénat, Congrès). C'est un régime de substitution de responsabilité et non une responsabilité fondée sur le risque : la victime doit apporter la preuve d'une faute.

3 chapitre

Théorie générale de l'acte administratif

L'acte administratif, comme tout acte juridique, constitue une manifestation de volonté à caractère juridique; généralement, il opère ou tente d'opérer une modification de l'ordonnancement juridique existant. Il prend la forme de l'***acte administratif unilatéral*** ou celle du ***contrat administratif***.

Par l'acte unilatéral, l'administration crée, abroge ou modifie, par sa seule volonté, des situations juridiques. Le contrat administratif constitue un type particulier d'acte administratif: il est plurilatéral et fera l'objet d'une étude propre (IV). On examinera la notion d'acte unilatéral (I), le pouvoir réglementaire qui en est l'auteur (II) et le régime juridique applicable à cette catégorie d'actes (III).

I. La notion d'acte administratif unilatéral

Nous étudierons la nature (A) puis le contenu (B) de la notion d'acte administratif unilatéral, notion qui recouvre une grande diversité de *décisions* (C).

A– Acte administratif, décision exécutoire ou décision?

Cet intitulé interrogatif suggère une difficulté. Tel est bien le cas.

1. L'acte administratif

Il n'existe pas de définition de l'acte administratif en droit positif. On est ainsi renvoyé aux solutions jurisprudentielles et aux analyses doctrinales.

→ La notion d'acte dans l'expression « acte administratif »

L'acte administratif appartient au droit public interne; ce n'est ni un acte émané de l'organe législatif décidant en la forme législative, ni un acte de juridiction, ni un acte de gouvernement. En revanche, la quasi-totalité des actes de droit public interne autres que ceux précités sont des actes administratifs. ***La notion d'acte administratif est une notion purement formelle.*** L'acte est « administratif » car il est une mesure prise ou une action décidée par une autorité publique autre que le juge ou le législateur.

➜ Délimitation positive de la notion d'acte administratif

Positivement, l'acte administratif est un acte ***juridique*** (il édicte des normes) exprimant la volonté ***unilatérale*** de ses auteurs (il s'adresse à des personnes autres que ses auteurs). Pour qualifier un acte d'« administratif », les juridictions prennent en considération son ***être*** d'acte pris par un organe de l'exécutif, ce qui implique inéluctablement son régime d'acte administratif.
L'acte administratif est une manifestation de volonté émanant d'une autorité publique exécutive et tendant unilatéralement à l'édiction de normes.

➜ Délimitation négative de la notion d'acte administratif

La qualification d'acte administratif est refusée dans deux cas principalement :

1°) Lorsque l'acte, bien que pris par une personne de droit privé investie d'une mission de service public, ***ne traduit aucunement l'exercice d'une prérogative de puissance publique***, et alors même que cette personne et cet acte serviraient l'intérêt général (TC, 8 déc. 1969, *SAFER de Bourgogne c/ Époux Soyer et Valla*, et *Arcival et autres contre SAFALT*, deux espèces ; 6 oct. 1971, *S.A. « Clinique Bachaumont »* ; 21 mai 1976, *GIE Brousse-Cardell* ; 8 juill. 1987, *Cassignard*).

2°) Lorsqu'il s'agit d'un acte ***non « détachable » d'une relation principale qui fait obstacle,*** précisément, ***à une telle qualification*** (17 juill. 1880, *Min. de l'Intérieur c/ Guyot* ; 20 janv. 1984, *Min. de l'Urbanisme et du Logement c/ Sté Stribick et fils* ; 21 juill. 1972, *Legros* ; 19 nov. 1971, *Delle Leduc, Min. de l'Intérieur c/ Dame Dodan* ; 2 nov. 1988, *Labadie*).

Le sens du mot « acte » dans l'expression « acte administratif », puis la notion d'acte administratif elle-même reposent sur l'idée qu'il y a une ***certaine volonté.*** Cependant, si le mot « volonté » donne à entendre qu'il s'agit d'une « décision », ce n'est pas toujours le cas. ***Tout acte unilatéral émané de l'autorité administrative ne constitue pas pour autant une décision. En revanche, toute décision administrative constitue inéluctablement un acte administratif unilatéral.***

2. La décision prétendument exécutoire

La jurisprudence du Conseil d'État emploie fréquemment l'expression « *décision exécutoire* » (2 juill. 1982, *Huglo et Lepage-Jessua* ; CC 2011-631DC, 9 juin 2011, *Loi rel. à l'immigration*). Une importante controverse (opposant M. Hauriou, R. Chapus, G. Vedel, Ch. Eisenmann) se fait jour sur l'existence même de cette notion. Quand peut-on dire d'un acte administratif unilatéral qu'il est une décision, c'est-à-dire qu'il est déférable au juge ?

L'acte ***déférable*** est celui qui est relatif à la modification de l'ordonnancement juridique ; or nombre d'actes unilatéraux n'emportent point cet effet (confirmation, information, rappel, réponse d'attente). Seul l'acte déférable constitue une décision, et il l'est ***dès lors que la décision existe.*** En revanche, il n'est nullement nécessaire qu'elle soit ***exécutable*** (qu'elle puisse être effectivement mise en œuvre) ou ***exécutoire*** (qu'il puisse y avoir recours à la force publique). L'existence seule de la décision suffit à rendre l'acte déférable parce qu'elle est acte de volonté d'une personne publique par lequel celle-ci veut modifier l'ordonnancement juridique, même si cette modification n'a produit encore aucun effet ou est insusceptible d'en avoir jamais, ou même si l'administration a décidé de laisser celle-ci lettre morte.

Il suffit de la réunion de deux éléments, et de deux seulement, pour qu'il y ait décision :

1°) un auteur qui est une personne publique appartenant à ou relevant de l'exécutif ;
2°) une volonté de modification de l'ordonnancement juridique.

Ce n'est pas l'***exécutabilité*** ou le ***caractère exécutoire*** qui permet de qualifier de « décision » un acte administratif unilatéral. En définitive, la ***décision*** est un acte administratif unilatéral au moyen duquel l'autorité administrative manifeste la volonté d'apporter une modification à l'ordonnancement juridique existant antérieurement, sans qu'il soit besoin ou utile de s'interroger sur le caractère exécutoire de cette décision, c'est-à-dire sur la réalité ou l'effectivité de cette modification. L'expression « décision exécutoire » doit être rejetée du vocabulaire administratif. Il faut lui préférer le mot « décision ».

B – Le contenu de la notion de décision

La décision n'est qu'une variété, la plus importante qualitativement, d'acte administratif unilatéral. Nombre d'actes unilatéraux, on l'a vu, ne sont pas des décisions : agissement purement matériel, mesure d'exécution d'une décision, notification, publication, rappel, approbation, confirmation, déclaration du chef de l'État (18 mars 2005, *Battisti*), etc. Toutefois, deux groupes de mesures soulèvent des difficultés particulières.

1. Les mesures préparatoires ou provisoires

Ces mesures ne sont pas, normalement, des décisions et ne sont, par suite, pas susceptibles d'être déférées au juge (CAA Bordeaux, 31 juill. 2003, *Zorin*).

➜ Les avis

La procédure administrative non contentieuse recourt très fréquemment à des avis : ***facultatif*** (l'administration, à son gré, sollicite ou non l'avis, ou encore invente une procédure d'avis inexistante antérieurement), ***obligatoire*** (l'administration, obligée de solliciter l'avis, lorsqu'il est obligatoire, n'est jamais tenue de le suivre) ou ***conforme*** (l'administration a la double obligation de prendre cet avis et de le suivre). L'avis, même conforme, ne constitue pas, par lui-même, une décision et ne peut donc pas être contesté au contentieux. Cependant, son irrégularité, lorsqu'elle a une influence déterminante, peut entacher d'illégalité la décision qui lui fait suite.

→ Les délibérations préparatoires des assemblées locales

Mettant fin à un système complexe, le Conseil d'État décide désormais que les avis, vœux, propositions et toutes autres mesures préparatoires contenues dans les délibérations des assemblées locales sans caractère décisoire ne peuvent jamais être soumis au juge, sauf par le préfet au moyen du déféré, car ces mesures ne sont que préparatoires (15 avr. 1996, *Syndicat CGT des hospitaliers de Bédarieux*; 29 déc. 1997, *SARL ENLEM*).

→ Autres mesures susceptibles d'être prises au cours de la procédure

La **proposition** n'est pas une décision car l'autorité administrative, à laquelle cette proposition est faite, n'est pas tenue de prendre une décision; à l'inverse, le **refus de proposition** constitue une décision car il empêche toute prise de décision et s'apparente à un **veto** (31 oct. 1913, *Chavegrand*) lequel ne peut exister sans texte. La simple **transmission** d'un dossier ne constitue pas une décision, mais le refus de transmission en est une car il paralyse la poursuite de l'action administrative. Ne sont pas non plus des décisions – sauf lorsqu'ils revêtent un caractère impératif (26 sept. 2005, *Conseil national de l'ordre des médecins*) : les **enquêtes**, les **renseignements** (demandés par les administrés à l'administration) ainsi que les **refus de renseigner** opposés par l'administration (sauf existence d'une obligation de renseigner), les mesures par lesquelles l'administration se borne à émettre des prétentions, à donner une interprétation ou des conseils, les **recommandations** (ainsi celles de la HALDE: 13 juil. 2007, *Sté Edit. Tissot*), **les recommandations de bonne pratique** élaborées par la Haute autorité de santé (16 mars 2011, *FORMINDEP*).

2. Les mesures d'ordre intérieur

Lorsque les actes administratifs unilatéraux ne sortent pas de l'univers administratif car ils ne concernent que la marche interne des administrations, ils ne peuvent pas être invoqués devant le juge par les administrés puisque ceux-ci n'en sont point destinataires. Par suite, ces actes ne sont pas des décisions car ils ne comportent, à l'égard des administrés, aucune manifestation de volonté: on dit qu'***ils ne leur font point grief***. Si la CJUE a, sur ce point, une conception assez proche de celle du Conseil d'État (CJCE, 9 oct. 1990, *Rép. française*), la CEDH y est hostile, y voyant une atteinte au « droit à recours juridictionnel effectif » (art. 6 et 13 de la Convention).

→ Les circulaires

Les circulaires sont l'expression du pouvoir hiérarchique dont dispose tout ministre, tout chef de service, à l'égard des agents placés sous son autorité (7 févr. 1936, *Jamart*). Ce pouvoir s'exprime sous forme d'ordres individuels ou d'instructions à caractère général qui prévoient, de manière abstraite, la conduite à tenir. Ces ordres, aux dénominations variées (instructions, notes de service, circulaires...), portent le nom générique de ***circulaires***. Il n'est jamais obligatoire pour l'administration de prendre une circulaire : un refus d'en prendre ne peut pas être déféré au juge (14 mars 2003, *Le Guidec*).

▶ **Position du problème.** En théorie, de tels actes, n'étant qu'à usage interne, n'ont pas de portée à l'égard des administrés. Il existe cependant des circulaires qui posent une règle juridique nouvelle, créent des droits ou des obligations, ce qui les fait sortir de l'ordre interne à l'administration. Le Conseil d'État (29 janv. 1954, *Institution Notre-Dame du Kreisker*) avait donc créé une distinction entre les ***circulaires purement interprétatives*** (véritables mesures d'ordre intérieur et donc non déférables au juge) et les ***circulaires réglementaires***, qui constituaient des décisions et étaient traitées comme telles car elles ajoutaient à la réglementation existante. La difficulté d'opérer en pratique cette dichotomie a conduit à la modifier (18 déc. 2002, *Mme Duvignères*) en distinguant, entre les circulaires qui contiennent ***des dispositions à caractère impératif*** (toujours déférables au juge même si elles ne modifient pas l'état antérieur du droit : 8 mars 2006, *FCPE*) et celles qui n'ont pas ce caractère impératif et qui, de ce fait, ne sont pas déférables au juge.

▶ **Dispositions impératives et dispositions non impératives.** Les dispositions non impératives sont celles dont le contenu correspond à l'idée commune de mesure d'ordre intérieur. Les dispositions impératives (dont fait partie la totalité des circulaires autrefois qualifiées de « réglementaires »), et seules celles-là, peuvent être déférées au juge et, le cas échéant, annulées par lui, lorsqu'elles sont illégales; elles font grief même lorsqu'elles ne sont pas nouvelles (par exemple : réitération d'une règle antérieure illégale faisant elle-même grief, *Duvignères* préc. ; 8 nov. 2010, *David X.*, 309746). Cette distinction n'est pas d'un maniement aisé (19 févr. 2003, *Auberge-Ferme des Genêts* ; 28 nov. 2012, *Assoc. « Libérez les Mademoiselles ! »*). Elle a été étendue par la suite (ainsi des recommandations de bonnes pratiques, lorsqu'elles sont impératives : 26 sept. 2005, *Conseil national de l'ordre des médecins*).

→ Les directives internes à l'administration française

Une directive est un acte par lequel l'autorité administrative, ***lorsqu'elle dispose d'un pouvoir discrétionnaire, et uniquement en ce cas,*** se fixe à elle-même une règle sur la conduite à tenir dans des séries de cas semblables. L'administration détermine ***par avance*** la conduite à tenir pour favoriser la sécurité juridique des administrés et la cohérence de l'action administrative. Ce faisant, elle se heurte à un principe fondamental :

l'obligation pour l'administration d'opérer, dans chaque cas d'utilisation de son pouvoir discrétionnaire, un ***examen particulier des circonstances*** (v. p. 22) afin d'user pleinement de sa liberté d'action. La directive paraît contrevenir à cette obligation puisqu'elle comporte autolimitation par l'administration de son pouvoir discrétionnaire. Le Conseil d'État a édifié une jurisprudence souple pour tenir compte de ces impératifs contradictoires (11 déc. 1970, *Crédit Foncier de France*; 29 juin 1973, S[té] *Géa*; 18 nov. 1977, S[té] *Marchand*). Il en résulte que la directive est une mesure d'ordre intérieur, un procédé normal d'action de l'administration, mais elle est strictement cantonnée dans son domaine et par sa finalité. La directive permet à l'administration de fixer par avance la conduite à tenir à condition d'être adaptée au but visé par la réglementation appliquée et de ne pas revêtir un caractère impératif ou automatique; elle doit laisser sauf l'examen particulier des circonstances. À défaut de respecter cette double exigence elle serait irrégulière. La directive n'est pas une décision administrative car elle ne crée pas une nouvelle règle de droit. C'est une technique de rationalisation et de simplification de l'action administrative. Elle n'est donc pas susceptible de recours devant le juge.

→ Les mesures internes au service

Ces mesures sont nombreuses: l'on se bornera à deux exemples.

▶ **Les mesures d'organisation du service**. Elles ne modifient pas la condition juridique des personnes concernées car elles ne revêtent pas les traits d'une décision: changement d'affectation d'agents au sein d'un même service (19 mars 1965, *Antoine et autres, et D[me] Galabru*), mutation d'un étudiant d'un groupe de travaux dirigés à un autre (11 janv. 1967, *Bricq*), affectation d'un élève dans une classe de collège en fonction de l'option choisie par lui (5 nov. 1982, *Attard*).

▶ **Les mesures de police interne du service**. Ce sont les mesures par lesquelles l'autorité hiérarchique règle la discipline interne du service placé sous son autorité. Si ces mesures ne sont pas déférables normalement au juge, elles deviennent cependant des décisions à partir du moment où elles modifient la situation juridique des intéressés: exclusion d'un élève (19 avr. 1952, *Veillard*), refus de passage dans la classe supérieure (6 juill. 1949, *Andrade*), refus du départ d'un élève en classe de neige (1er avr. 1977, *Époux Deleersnyder*), etc. Cette jurisprudence, peu compatible avec celle de la CEDH (application des art. 6 et 13 de la Convention), a conduit le Conseil d'État à restreindre fortement le champ d'application de cette notion en matières militaire (17 févr. 1995, *Hardouin*) et pénitentiaire (17 févr. 1995, *Marie*), en ce dernier domaine la qualification de « mesure d'ordre intérieur » est devenue très rare (14 déc. 2007, *Garde des Sceaux c/ Boussouar* et *c/ Planchenault*, 2 espèces ; 17 déc. 2008, *Oberv. international des prisons* ; 30 nov. 2009, *Garde des Sceaux*).

C– La diversité des décisions

Leur diversité impose de classer les décisions, normalement écrites mais qui peuvent être verbales (7 janv. 2013, *Bernard X.*, 358781), puis de les hiérarchiser.

1. La classification des décisions

La classification des décisions peut être réalisée de deux points de vue : **formel** – qui s'attache à la ***nature de l'organe qui prend la décision*** et, accessoirement, à des éléments tels que la procédure d'élaboration de la décision : c'est la distinction des diverses catégories de décrets ou d'arrêtés, et **matériel**, qui s'attache au ***contenu et à la portée des décisions prises*** par l'autorité publique : c'est la distinction des décisions réglementaires et des décisions non réglementaires.

→ Intérêt de la distinction entre décisions réglementaires et décisions non réglementaires

Cette distinction est très importante :

1°) ***La décision réglementaire ne crée jamais de droits acquis,*** son abrogation est donc toujours possible sous réserve du respect des principes de non-rétroactivité et de sécurité juridique (13 déc. 2006, *Lacroix*) ; au contraire la décision non réglementaire peut créer des droits acquis.

2°) La légalité de la décision réglementaire est contestable devant le juge soit directement, par voie d'action (dans le délai de deux mois), soit indirectement, ***par voie d'exception*** (perpétuellement), alors qu'il ne peut y avoir d'exception d'illégalité contre une décision individuelle.

3°) La décision réglementaire, à la différence de l'acte individuel, peut être ***interprétée par toute juridiction.***

4°) La décision réglementaire est soumise à une ***procédure de publicité*** afin d'être rendue exécutoire.

5°) La décision réglementaire a, en principe, un ***caractère permanent*** (principe de pérennité du réglement), sauf si elle fixe elle-même un terme à son existence.

6°) La décision réglementaire ***s'impose à tous*** et même au supérieur hiérarchique de l'auteur de la décision.

7°) Celles des ***décisions des ministres qui ont une nature réglementaire*** relèvent de la compétence du Conseil d'État ***en premier et dernier ressort***.

→ La décision réglementaire

La décision réglementaire est un acte ***à portée générale et impersonnelle*** (tel n'est pas le cas de l'arrêté fixant un site Natura 2000 : 2 nov. 2005, *Association coordination des syndicats des marais de la baie de l'Aiguillon*). Elle peut ne concerner qu'une seule personne, mais celle-ci ne sera pas prise *ut singuli*, elle sera ramenée à la ***catégorie*** à laquelle elle appartient. La décision réglementaire fixe l'organisation d'un service public ou intervient en exécution de prescriptions législatives, voire d'autres règlements; c'est la mesure prise ***sans considérer des individus déterminés*** (cf. concl. Rigaud sur 19 nov. 1965, *Époux Delattre-Floury*).

→ La décision non réglementaire

Pour établir le caractère non réglementaire d'une décision il faut se placer à l'un de ces deux points de vue: l'objet direct de cette mesure, ou sa portée.

▶ **La décision non réglementaire par son objet direct.** Tantôt c'est par la considération de son objet seul qu'une décision pourra être qualifiée de non réglementaire. Cette technique de ***l'objet direct*** se traduit par un principe qui, en ce domaine, institue un véritable « bloc » de compétence: il s'agit de la tutelle (8 janv. 1971, *URSSAF des Alpes-Maritimes*), dont les actes sont toujours de nature non réglementaire.

▶ **La décision non réglementaire par sa portée.** Tantôt c'est par l'examen de son étendue d'application (ou d'applicabilité) que la décision sera dite non réglementaire: personnes concernées, biens ou objets visés, territoire couvert, qui permet de la qualifier de non réglementaire. Soit il s'agit de ***mesures à portée déterminée*** (personnes visées ou concernées, biens ou territoires visés), soit il s'agit de ***mesures à portée déterminable*** (cette détermination, non effectuée dans l'acte, est facile au prix d'un effort que le juge estime minime).

→ Le cas des décisions collectives

De certaines décisions on hésite à dire si elles sont réglementaires ou non. Il s'agit des ***décisions à caractère collectif***. Faut-il les faire entrer dans la catégorie des mesures réglementaires ou dans celle des mesures non réglementaires? La jurisprudence tend plutôt à assimiler décision collective et décision réglementaire (12 oct. 1956, *Rousseau*; 8 nov. 1961, *Vidal*).

2. La hiérarchisation des décisions

→ La hiérarchie formelle (ou organique) des décisions

On distingue traditionnellement les décrets et les arrêtés.

▶ **Les décrets.** Le mot « décret » désigne un acte émané soit du président de la République (toujours pris en Conseil des ministres, avec signature du Président et contre-signature du Premier ministre et des ***ministres responsables***), soit du Premier ministre (toujours pris hors Conseil des ministres, avec signature des ***ministres chargés de l'exécution***). Un décret présidentiel non délibéré en Conseil des ministres est contraire à l'article 13, al. 1er, de la Constitution, sauf s'il est également revêtu de la signature du Premier ministre (27 avr. 1962, *Sicard*). Tout décret délibéré en Conseil des ministres ***doit*** être revêtu de la signature présidentielle (19 juin 2013, *X.*, 356248). Le chef de l'État en est donc l'auteur, et l'auteur exclusif. C'est l'application stricte du critère formel: la délibération en Conseil des ministres impose la signature du chef de l'État (9 nov. 1973, *Siestrunck*), alors même que, pour le décret considéré, la délibération du Conseil n'était pas requise (24 nov. 1976, *Syndicat national du personnel de l'énergie atomique [CFDT] et autres*; 10 sept. 1992, *Meyet*).

À l'intérieur de chacune de ces deux catégories, les décrets se hiérarchisent entre eux selon qu'ils sont pris après avis obligatoire (éventuellement conforme) du Conseil d'État, ou sans avis obligatoire de ce dernier. D'où la liste suivante:

Décrets du président de la République:
après avis obligatoire conforme du Conseil d'État,
après avis obligatoire du Conseil d'État,
sans avis obligatoire du Conseil d'État.

Décrets du Premier ministre:
après avis obligatoire conforme du Conseil d'État,
après avis obligatoire du Conseil d'État,
sans avis obligatoire du Conseil d'État.

▶ **Les arrêtés.** Ils sont pris par nombre d'autorités administratives (président de la République, Premier ministre, ministres, préfets, présidents de conseil général ou régional, maires, présidents d'université, etc.). La hiérarchie organique entre les arrêtés est simple à établir. Tout d'abord, les arrêtés sont soumis aux décrets. Ensuite, par ordre descendant, on rencontre successivement les arrêtés interministériels, les arrêtés ministériels, les arrêtés préfectoraux, puis, à rang égal entre eux, les autres arrêtés.

→ L'intervention de la hiérarchie matérielle

Il faut observer que la hiérarchie décrite précédemment doit se combiner avec la hiérarchie matérielle des décisions, c'est-à-dire celle qui prend en considération leur ***portée***. L'adoption du critère matériel conduit à deux remarques.

▶ **Tout d'abord**, il y a indépendance de l'analyse formelle ou organique, et de l'analyse matérielle. Un décret peut être aussi bien un acte à portée réglementaire qu'un acte à portée individuelle: il y aura, au plan formel, une seule catégorie (décret), et au plan matériel, deux catégories (réglementaire/non réglementaire). Inversement, un règlement peut soit être un décret, soit appartenir à une autre catégorie de la classification formelle (arrêté municipal). En ce cas, l'analyse formelle relèvera deux sortes d'acte (décret-arrêté) quand la classification matérielle n'en apercevra qu'une seule (règlement).

▶ **Ensuite**, le critère matériel précise la hiérarchie des décisions de deux manières:

1°) Lorsqu'une autorité administrative a pris un acte réglementaire, ses décisions individuelles devront être conformes à cet acte réglementaire (règle « *Patere legem quam ipse fecisti* »), ce qui introduit une hiérarchie entre les actes pris par une même autorité.

2°) Ce critère conduit aussi à poser que l'acte individuel d'une autorité supérieure doit se conformer à l'acte réglementaire édicté par une autorité subordonnée.

II. Le pouvoir réglementaire

Le pouvoir réglementaire est le pouvoir reconnu à des autorités autres que le Parlement d'édicter des règles générales et obligatoires. Dans la tradition constitutionnelle française, le pouvoir réglementaire se trouve dans une position secondaire, subordonnée à la loi. D'une part, alors que la loi est l'expression de la volonté générale, le règlement est conditionné par la loi, il ne peut ni contredire celle-ci ni y ajouter. D'autre part, la supériorité de la loi par rapport au règlement s'exprime par le fait qu'elle ne peut être mise en cause (notion de « souveraineté de la loi »), alors que le règlement n'a qu'une valeur seconde en ce sens qu'il peut toujours être contesté. De ces principes bien certains découlait une double conséquence: **1°)** il existait un domaine législatif « par nature » qui comprenait les matières « réservées à la loi » (état des personnes, libertés publiques), et dans lequel le pouvoir réglementaire ne pouvait jamais intervenir; **2°)** par ailleurs, le domaine d'intervention du législateur était infini. La Constitution de 1958 a innové en instaurant, à côté de la classification formelle, une classification matérielle entre la loi et le règlement. Après une longue hésitation (1982-2005), le Conseil constitutionnel applique pleinement cette classification (CC, n° 2005-512 DC, 21 avr. 2005; voir aussi circulaire du Premier ministre, 19 janv. 2006) aussi bien au pouvoir réglementaire de droit commun qu'au pouvoir réglementaire d'exception.

A– Le pouvoir réglementaire de droit commun

La Constitution de 1958 définit, dans son article 37, al. 1er, un « domaine » du règlement au moyen d'une clause générale de compétence selon laquelle « *les matières autres que celles qui sont du domaine de la loi ont un caractère réglementaire* ».
À cela s'ajoute le pouvoir réglementaire de mise en œuvre de dispositions de la Consitution reconnu par la jurisprudence *Labonne* (8 août 1919).

1. La répartition des compétences entre la loi et le règlement

La Constitution définit négativement le domaine du règlement.

→ La loi

La loi demeure, dans la Constitution de 1958, l'acte de puissance initiale et inconditionnée qu'elle était avant cette date, malgré l'existence d'un contrôle de constitutionnalité instauré en 1958. Celui-ci ne s'exerce, en dehors des cas où il est possible de former une *question prioritaire de constitutionnalité,* ***qu'avant la promulgation de la loi***, or cette promulgation est nécessaire et suffisante à la perfection juridique de la loi. Le critère formel prévaut donc, après comme avant 1958. Cependant, la Constitution de 1958 a innové sur un second point : l'introduction d'un critère ***matériel*** dans la définition de la loi.

▶ **La double définition du domaine de la loi.** Selon l'article 34 de la Constitution, il y aurait deux « domaines » de la loi : celui dans lequel la loi fixerait « ***les règles*** » (par exemple, pour « *les droits civiques et les garanties fondamentales accordées aux citoyens pour l'exercice des libertés publiques ; les sujétions imposées par la défense nationale aux citoyens en leur personne et en leurs biens* »), et celui dans lequel la loi ne poserait que les « ***principes fondamentaux*** » (par exemple, pour la libre administration des collectivités territoriales, leurs compétences et leurs ressources).

▶ **La valeur de la définition constitutionnelle de la loi.** Juge constitutionnel (CC, 18 juill. 1961) et juge administratif n'accordent aucune portée pratique à la distinction entre la fixation des « règles » et la détermination des « principes fondamentaux ». En réalité, la compétence législative se définit « horizontalement » (ou « en surface »), et « verticalement » (ou « en profondeur »). La ***compétence « horizontale » du législateur*** (étendue de la compétence) se détermine par le critère de l'« *état de la législation antérieure* » (L. Favoreu et L. Philip). Il consiste à prendre en considération les principes posés par la loi tels qu'ils se présentent actuellement, et non tels qu'ils pouvaient être à l'origine (c'est-à-dire, très souvent, à l'époque révolutionnaire). La ***compétence « verticale » du législateur*** (degré ou intensité d'intervention) se définit semblablement, qu'il s'agisse de règles ou de principes fondamentaux.

→ Le règlement

Le règlement est, dans la Constitution, de droit commun, la loi étant l'exception : selon l'article 37 de la Constitution, le pouvoir réglementaire peut intervenir dans toutes les matières qui ne sont pas remises au législateur notamment par l'article 34.

▶ **Les autorités titulaires du pouvoir réglementaire.** Ces autorités sont nationales, locales ou particulières.

- **À l'échelon national,** le pouvoir réglementaire (art. 13 et 21 de la Constitution) est partagé entre le chef de l'État et le Premier ministre. Ce dernier est l'autorité investie au premier chef du pouvoir réglementaire national (art. 21 de la Constitution ; CC, 12 août 2004 et 14 déc. 2006) : il édicte les règlements pris en application d'une loi et ceux prétendus « autonomes », il prend spontanément les mesures réglementaires de police ou d'organisation des services publics. Le président de la République dispose cependant d'une partie du pouvoir réglementaire : il signe les ordonnances de l'article 38, les décrets délibérés en Conseil des ministres (dont il est ainsi l'auteur exclusif) et les mesures prises en vertu de l'article 16 de la Constitution. Les ministres, en revanche, ne disposent pas, à titre général, du pouvoir réglementaire (6 mars 1959, *Syndicat des grandes pharmacies de la région de Paris* ; 26 juil. 2011, *Synd. nat. pilotes de ligne France-Alpes*), sauf loi ou décret exprès en ce sens (16 mai 1958, *S[té] de courtage et d'affrètement fluvial*). Ils disposent du pouvoir de contresigner les

décrets présidentiels (ce sont « les ministres responsables »), ou les décrets primo-ministériels (ce sont « les ministres chargés de leur exécution ») ainsi que les mesures nécessaires à la marche des administrations placées sous leur autorité (7 fév. 1936, *Jamart*) y compris sous la forme de directives internes au service (11 déc. 1970, *Crédit fonc. France*).
- **À l'échelon local**, les maires et les préfets (ces derniers lorsqu'ils se substituent aux maires en leur qualité de représentants de l'État) disposent du pouvoir réglementaire. Ce pouvoir est assez étendu et se confond parfois avec le pouvoir de police. Les autorités des collectivités territoriales disposent, dans les conditions prévues par la loi, d'un pouvoir réglementaire propre depuis la révision constitutionnelle du 28 mars 2003 (art. 72, al. 3). Il existe aussi un pouvoir réglementaire au profit des exécutifs de nombreuses entités publiques (établissements publics, autorités administratives indépendantes, etc.).
- Enfin, un pouvoir réglementaire peut être remis à des **organismes de droit privé** (2 mai 1958, *Martin Caille*); ainsi, des comités d'organisation (31 juill. 1942, *Monpeurt*) ou des ordres professionnels (2 avr. 1943, *Bouguen*; 29 juill. 1954, *Comité de défense des libertés professionnelles des experts-comptables brevetés par l'État*; 6 mars 1959, *Syndicat des grandes pharmacies de la région de Paris*) pour leur permettre d'établir leurs règlements intérieurs (31 janv. 1969, *Union nationale des grandes pharmacies de France*).

▶ **Unité ou dualité du pouvoir réglementaire**? La Constitution de 1958 avait paru avoir créé deux catégories de pouvoir réglementaire: celui chargé de l'exécution des lois et le « pouvoir réglementaire autonome ». Après une longue controverse, la majorité de la doctrine et la jurisprudence estiment qu'il n'y a qu'un seul pouvoir réglementaire, conformément au texte de la Constitution qui n'a jamais envisagé une quelconque dualité réglementaire. Dès le 26 juin 1959, l'arrêt *Syndicat général des ingénieurs-conseils*, en imposant aux règlements « autonomes » le respect des principes généraux du droit, ouvrait la voie à la solution finalement retenue: unité du pouvoir réglementaire. Il faut simplement admettre que le pouvoir réglementaire exercé sur la base de l'article 37, al. 1er, dispose d'une compétence souvent, mais pas toujours, plus étendue que celui exercé sur le fondement de l'article 34.

2. Le contrôle de la répartition des compétences entre la loi et le règlement dans la Constitution de 1958

Ce contrôle est complexe car il fait intervenir au principal deux juridictions, le Conseil constitutionnel et le Conseil d'État, plus rarement le juge judiciaire.

▶ **Un contrôle non systématiquement favorable au règlement.** Il avait été soutenu que la Constitution de 1958 était une machine de guerre contre le pouvoir législatif et qu'elle favorisait outrageusement le pouvoir réglementaire. Cette thèse a fait long feu. Le Conseil constitutionnel et le Conseil d'État ont souvent donné une interprétation large des matières législatives énumérées à l'article 34 (voir la notion de « création de nouveaux ordres de juridiction »). Ensuite, la source constitutionnelle de la compétence législative a été élargie au maximum : elle est constituée non seulement de l'article 34 mais encore d'autres articles de la Constitution (72, par exemple), et même par le préambule constitutionnel. Le Conseil constitutionnel ne reconnaît qu'au législateur le pouvoir de déroger à un principe général du droit. En revanche, a été abandonnée (par CC, n° 2005-512 DC, 21 avr. 2005) la jurisprudence (CC, n° 82-143 DC, 30 juill. 1982) selon laquelle une loi qui empiète sur le domaine réglementaire n'est pas pour autant contraire à la Constitution.

▶ **Un double contrôle présentant parfois des contradictions.** Malgré les efforts du Conseil constitutionnel et du Conseil d'État, il existe ou a existé des divergences jurisprudentielles entre les deux juridictions sur la ligne de partage. Elles demeurent toutefois très limitées. On citera le désaccord sur la « détermination des crimes et délits et des peines qui leur sont applicables », aujourd'hui apaisé ; celui relatif à la nature juridique de la règle selon laquelle le silence de l'administration valait refus (CC, 26 juin 1969 : nature législative ; 27 févr. 1970, *Commune de Bozas* : nature réglementaire) ; celui portant sur l'autorité compétente pour limiter le droit de grève des fonctionnaires ; celui concernant la compétence pour assortir les contraventions de peines privatives de liberté.

B – Les extensions exceptionnelles du pouvoir réglementaire

1. Les ordonnances

La Constitution a prévu plusieurs sortes d'ordonnances. Celles de l'article 38 sont les plus importantes.

→ Les ordonnances de l'article 38

L'article 38 permet au gouvernement de solliciter du Parlement l'habilitation à prendre par voie d'ordonnances des mesures qui relèvent normalement du domaine de la loi. Le Conseil constitutionnel a enserré dans un carcan juridique le contrôle de la loi d'habilitation (déc. des 8 août 1985, 25-26 juin 1986, 1er et 2 juill. 1986, 23 janv. 1987) alors que le recours à l'article 38 revêt une grande utilité, comme en témoignent le très important travail actuel de codification mené quasi exclusivement au moyen d'ordonnances et le nombre d'ordonnances prises chaque année.

▶ **Régime de l'habilitation.** Les ***conditions de l'habilitation*** sont au nombre de cinq : **1°)** *Le gouvernement seul peut prendre l'initiative* d'une demande d'habilitation. **2°)** Il en est le *seul bénéficiaire.* **3°)** Cette habilitation n'est pas un blanc-seing, car elle n'est accordée au gouvernement que « *pour l'exécution de son programme* », ce qui impose un certain degré de précision dans la formulation de ce programme. **4°)** L'habilitation ne peut être accordée que « *pour un délai limité* ». **5°)** Enfin, seules peuvent être

déléguées les *matières qui ressortissent à la loi ordinaire*, et non à la législation organique ou constitutionnelle.
La ***procédure d'habilitation*** débute par le dépôt d'un projet (jamais une proposition) de loi d'habilitation voté dans les conditions habituelles propres aux lois ordinaires. Les ordonnances elles-mêmes sont prises en Conseil des ministres et doivent comporter la signature du chef de l'État. Enfin, avant l'expiration de la date prévue par la loi d'habilitation, les ordonnances doivent, à peine de caducité, être déposées, en vue de leur éventuelle ratification législative, sur le bureau de l'une des assemblées.

▶ **Le régime juridique et contentieux des ordonnances.** Entre le moment de leur publication et celui de leur dépôt en vue de ratification, les ordonnances ont une nature réglementaire et en suivent l'entier régime (12 févr. 1997, *Synd. nat. des inspecteurs des aff. sanit. et soc.*). Le gouvernement peut les modifier à tout moment tandis que le Parlement est dépossédé du droit de légiférer sur les matières déléguées.

À l'expiration de la période d'habilitation, quatre cas peuvent se présenter :

1°) L'ordonnance n'est pas déposée en vue de ratification : elle est frappée de caducité pour l'avenir, demeurant valable pour le passé.
2°) L'ordonnance est déposée mais aucun débat parlementaire n'a lieu à son sujet : elle conserve perpétuellement la nature d'un acte réglementaire et en suit le régime.
3°) L'ordonnance est déposée mais la ratification est refusée : elle disparaît pour l'avenir.
4°) L'ordonnance est ratifiée. Elle devient rétroactivement une loi (23 nov. 2002, *Laboratoires Juva Santé*), sauf si la ratification fait échec à un traité international (8 déc. 2000, *Hoffer et autres*).

➜ Les autres ordonnances de la Constitution

▶ Par **les ordonnances budgétaires** de l'article 47 de la Constitution, le gouvernement peut mettre lui-même en vigueur le budget – c'est une simple faculté – sanctionnant ainsi le non-respect par le Parlement du délai global de soixante-dix jours imparti par la Constitution pour se prononcer sur le projet de loi de finances de l'année.
L'article 47-1 de la Constitution crée, semblablement, des **ordonnances en matière de financement de la Sécurité sociale**, qui sont susceptibles d'être prises lorsque le parlement ne s'est pas prononcé dans le délai constitutionnel sur la loi de financement de la sécurité sociale de l'année.

▶ Par **les « ordonnances » référendaires**, le peuple, appelé à se prononcer par voie de référendum sur une question, autorise le pouvoir exécutif à prendre les mesures, même de nature législative, qu'impose la réponse à la question posée. Ces « ordonnances », qui ne sont pas soumises à ratification, conservent toujours une nature réglementaire et relèvent de la compétence du juge administratif (19 oct. 1962, *Canal et autres*).

▶ **Les ordonnances liées à la mise en place de la Ve République** étaient régies par l'article 92 de la Constitution, prévoyant que, pendant un délai de quatre mois à compter de la promulgation de la Constitution (du 4 octobre 1958 au 4 février 1959), le gouvernement exercerait le pouvoir législatif par voie d'ordonnances en attendant l'élection de nouvelles assemblées. De telles ordonnances ont « force de loi » et échappent au contrôle du juge (12 févr. 1960, *S^té Eky*), qui examine seulement si leur auteur était bien habilité à cet effet (1er juill. 1960, *FNOSS et Fradin*).

2. Les décisions prises en vertu de l'article 16 (renvoi)

L'article 16 de la Constitution prévoit qu'en certaines circonstances exceptionnellement graves (mettant en péril les institutions, l'indépendance de la Nation, l'intégrité du territoire ou l'exécution par la France de ses engagements internationaux), et à condition que, simultanément, le fonctionnement régulier des pouvoirs publics soit interrompu, le président de la République peut, après diverses consultations qui ne le lient pas, prendre toutes mesures exigées par ces circonstances, y compris dans le domaine de la loi. (voir les manuels de droit constitutionnel)

III. Le régime juridique de l'acte administratif unilatéral

Tous les actes administratifs bénéficient de la double présomption de *conformité au droit* (« autorité de chose décidée ») et d'*administrativité*. En outre, lorsqu'ils sont délivrés *intuitu personae*, ils sont incessibles. Le particularisme de leur régime juridique doit être étudié lors de leur **édiction** (A) et durant le cours de leur **exécution** (B).

A– L'édiction de l'acte administratif unilatéral

Pour être valide, l'acte administratif doit satisfaire à certaines conditions.

1. La forme de l'acte administratif unilatéral

→ Les formalités accompagnant l'édiction de l'acte

Ces formalités protègent les administrés contre l'arbitraire et garantissent un correct examen de leurs demandes et de leurs dossiers.

▶ **La procédure consultative.** Elle est très répandue dans l'administration, cette tendance s'étant accentuée avec le développement de la concertation.

- **Consultation facultative et consultation obligatoire.** La consultation est ***facultative*** lorsque l'administration est libre de la créer ou non et, lorsqu'elle existe, d'y recourir ou non. Si elle choisit de le faire, ce doit être dans des conditions régulières même si, en définitive, elle n'a pas à respecter l'avis (23 mars 1962, *Mast*; 15 mars 1974, *Syndicat national CGT-FO des fonctionnaires et agents du commerce intérieur et des prix*). Lorsque la consultation est ***obligatoire***, deux cas se présentent: ou bien l'avis doit être suivi, c'est l'***avis conforme*** (hypothèse rare), ou bien l'avis n'a pas à être suivi. L'avis conforme n'est pas déférable au juge mais son illégalité entraîne l'annulation de la décision qui lui fait suite (29 oct. 2001, *Eisenchteter*). Le défaut de consultation, lorsque celle-ci était obligatoire, nullifie l'acte administratif subséquent (7 oct. 1977, *Blaisse et autres*) sauf usage par le juge de son pouvoir d'inviter à régulariser (11 janv. 2006, *Association des familles victimes du saturnisme*).
- **Conditions de régularité de la consultation.** Le juge vérifie la réalité de la consultation (ou de la re-consultation: 9 oct. 1998, *Union fédérale CFDT des fonctionnaires publics et assimilés*) ou apprécie les motifs invoqués au soutien d'un défaut de consultation (26 avr. 1974, *C.L.E.R.U.*) ; il contrôle la composition et le fonctionnement de l'organisme consulté (13 mars 1970, *Min. d'État chargé des Affaires culturelles*). L'irrégularité de la consultation du Conseil d'État entache la décision administrative d'incompétence (9 juin 1978, *SCI du 61-67, boulevard Arago*; 4 avr. 1997, *Marchal*) et la loi, d'inconstitutionnalité (CC, 2003-468 DC, 3 avr. 2003).
- **Théorie de la formalité impossible.** L'administration ne peut se voir reprocher de n'avoir pas procédé à la consultation requise lorsque l'organisme à consulter ***n'existe plus*** (13 juill. 1953, *Féd. nat. des entreprises à commerces multiples*), ou ***n'existe pas encore*** (18 oct. 1968, *Ville de Sceaux*), sauf si le retard à l'installer est délibéré (1er juill. 1966, *Sté d'exploitation de la clinique Saint-Roch*), ou si l'organisme s'est mis ***lui-même hors d'état de fonctionner*** (refus de siéger: 12 oct. 1956, *Baillet* ; grève: 29 avr. 2009, *Synd. adm. centr. aff. soc. CFDT*).

▶ **La procédure contradictoire.** La règle « *audi alteram partem* » ou principe de la contradiction des points de vue est un principe général du droit (5 mai 1944, *Dame veuve Trompier-Gravier*; 20 déc. 2006, *Matringhem*; 19 janv. 2009, *Air france* ; CJCE, 21 nov. 1991, *Technische Universität München*) applicable même sans texte. Il avait été rappelé par le décret du 28 nov. 1983 (art. 8), aujourd'hui abrogé (26 juin 1987, *FANE*). Des procédures contradictoires particulières sont organisées par des textes spéciaux (reconduite des étrangers à la frontière, extradition, licenciement pour motif économique). Dans la fonction publique, ce principe a été consacré par l'article 65 de la loi du 22 avril 1905 suite au scandale de « l'affaire des fiches ».

- **Portée de la règle.** Cette règle revêt une triple signification:

1°) Elle ouvre à toute personne menacée par l'administration d'une mesure grave, d'une sanction (22 mars 1996, *NRJ, a contrario*), le ***droit de se défendre*** (28 oct. 1938, *Coache*; 4 mai 1962, *Dame Ruard*).

2°) Elle impose la ***communication du dossier*** même au cas de « mesures prises en considération de la personne » qui, sans constituer réellement des sanctions, ont une connotation fortement négative (24 juin 1949, *Nègre*; 27 janv. 2010, *Bruno X.*, 318239).

3°) Elle concerne aussi les personnes qui, sans être agents publics, font l'objet de mesures « à raison de faits personnels à l'intéressé » (9 mai 1980, *Cruse fils et frères*: déclassement d'un vin AOC).

- **Atténuations de la règle.** Cette règle ne joue pas pour les mesures prises dans un but d'intérêt général (25 avr. 1958, *S^té^ des Laboratoires Geigy*: retrait d'une spécialité pharmaceutique), dans l'intérêt du service public, ou pour un motif d'ordre public (police notamment).
- **Contenu de la règle.** Cette règle se traduit par une triple exigence:

1°) obligation de fournir une ***information suffisante*** à l'administré sur ce qui lui est reproché et sur ce qu'il risque;

2°) ***octroi d'un délai raisonnable*** pour lui permettre de préparer sa défense;

3°) obligation, pour l'administration, de ne décider qu'après ***avoir effectivement entendu*** l'intéressé (7 avr. 1975, *Boucher*).

▶ **Le principe du parallélisme des formes.** Lorsqu'un acte administratif doit être pris selon certaines formes, l'acte inverse, quand les textes sont muets à cet égard, doit être pris de la même manière (18 nov. 1938, *S^té^ languedocienne de TSF*). La notion d'acte « inverse » est appréciée restrictivement (10 avr. 1959, *Fourré-Cormeray*; 10 déc. 1993, *Raimbaud* ; 30 déc. 2011, *A.D.I.E.*, 345637).

→ Les exigences inhérentes à l'acte: la motivation

Le régime de la motivation a été transformé par la ***loi du 11 juillet 1979*** et les ***textes postérieurs***.

▶ À l'origine, le **principe** était celui de l'absence d'obligation de motivation (30 avr. 1880, *Harouel*), assorti d'une **atténuation** (la faculté que se reconnaissait le juge d'exiger de l'administration la révélation des motifs de ses actes: 28 mai 1954, *Barel et autres*), et de **deux exceptions** (l'existence éventuelle d'un texte exprès imposant la motivation, et l'obligation jurisprudentielle faite à certains organismes de motiver leurs actes: 27 nov. 1970, *Agence maritime Marseille-Fret*).

▶ **La motivation des actes dans les lois du 11 juillet 1979, du 17 janvier 1986 du 12 avril 2000 et du 17 mai 2011.** La loi de 1979 n'institue pas une obligation générale de motivation; celle-ci n'est d'ailleurs pas un principe général du droit (CC, n° 2004-497 DC, 1er juill. 2004), et ne se substitue pas aux textes, antérieurs comme postérieurs, prévoyant des régimes particuliers d'obligation de motivation (27 janv. 1995, *Mme Voos*).

- **L'obligation de motivation** concerne trois types de décisions :

1°) les ***décisions administratives individuelles défavorables*** énumérées limitativement par la loi (16 mai 2012, *M. et Mme Gérald X.*, 339312), qui restreignent l'exercice des libertés, infligent une sanction, refusent une autorisation, abrogent ou retirent une décision créatrice de droit – même illégale : 3 nov. 2003, *Lhoumeau* –, opposent une déchéance, une forclusion ou une prescription, etc. ;
2°) les ***décisions administratives individuelles dérogatoires*** ;
3°) les ***refus d'avantages qui sont de droit***, et les ***refus d'aides sociales*** (même facultatives) opposés par les organismes de sécurité sociale ou d'assurance-chômage.

- Ce **droit à motivation** bénéficie aux Français comme aux étrangers, aux personnes morales comme aux personnes physiques, et il s'impose à toutes les personnes publiques.
- **Le contenu de l'obligation de motivation est double** : la motivation doit être ***écrite*** et comporter l'« ***énoncé des considérations de droit et de fait*** *qui constituent le fondement de la décision* » (formule législative reprise de l'arrêt du 26 janv. 1968, Sté « *Maison Genestal* »). Cela exclut les motivations par référence ou stéréotypées.
- **La conséquence du défaut de motivation est l'illégalité** de la décision non motivée. Toutefois, les décisions implicites de rejet, par nature non motivées, ne sont pas, de ce seul fait, illégales : les intéressés ont deux mois pour en demander les motifs et l'administration a un mois pour répondre (12 juin 2009, Sté *Pioneer Génétique*). L'administration peut se dispenser de motiver en ***situation d'urgence absolue***, à charge pour elle de fournir cette motivation dans le mois de la demande de l'intéressé. L'existence d'une urgence absolue est appréciée restrictivement (13 janv. 1988, *Belkacem Abina*).

2. La compétence

La compétence est l'aptitude légale d'une autorité à prendre certains actes juridiques. Les règles régissant la compétence sont très strictes et le vice d'incompétence est un moyen d'ordre public, qui peut être soulevé d'office par le juge même si les parties ne l'ont pas invoqué.

→ La notion d'autorité compétente

L'autorité compétente pour modifier, abroger ou retirer un acte administratif est celle qui, au moment où intervient cette modification, cette abrogation ou ce retrait, aurait été compétente pour prendre cet acte (30 sept. 2005, *Ilouane*).

▶ **La détermination de l'autorité compétente** est assez facile au ***plan local*** : les autorités décentralisées et les préfets ont des attributions clairement délimitées et définies. Elle est plus complexe au ***plan national*** où, pour un même objet, interviennent fréquemment, de manière conjointe ou simultanée, plusieurs autorités, compétentes à des titres divers. Dans le silence du texte, l'autorité compétente pour prendre une décision l'est également pour la modifier, l'abroger ou la retirer : principe du ***parallélisme des compétences*** (13 mars 1953, *Teissier*).

▶ **L'obligation principale de l'autorité compétente** est celle d'***exercer sa compétence et de l'exercer complètement***: elle ne peut refuser de le faire, alors même qu'il y aurait un doute sérieux sur une question qu'elle doit trancher ; il n'y a pas de question préjudicielle devant l'administration active (Laferrière).

→ La délimitation des compétences

▶ **Les éléments de détermination de la compétence.** Ces éléments sont au nombre de trois.

1°) Tout d'abord, la ***compétence territoriale*** (*ratione loci*), espace sur lequel un agent public a le droit d'agir, est l'élément le plus facile à apprécier, les circonscriptions administratives étant, en France, parfaitement délimitées.

2°) Ensuite, la ***compétence temporelle*** (*ratione temporis*) permet à l'autorité d'exercer ses pouvoirs depuis son investiture (sa nomination ou installation dans les fonctions) jusqu'à sa désinvestiture (mutation, retraite, décès, démission, etc.). Souvent, il n'y a pas concomitance entre la désinvestiture d'un agent et l'entrée en fonctions de son successeur. Dans ce cas, pour éviter toute rupture dans la continuité du service, l'ancien titulaire conserve une partie de ses attributions, celles nécessaires à « *l'expédition des affaires courantes* », selon un « *principe traditionnel du droit public* » (4 avr. 1952, *Syndicat régional des quotidiens d'Algérie*; 22 avr. 1966, *Fédération nationale des syndicats de police*) que la jurisprudence interprète largement (23 déc. 2011, *min. Intérieur*).

3°) Enfin, la ***compétence matérielle*** (*ratione materiae*) est la plus délicate à mettre en œuvre. Chaque autorité administrative dispose d'une sphère de compétence – ensemble de matières – dont elle ne peut sortir ; ainsi, un ministre ne peut pas modifier une loi (11 avr. 2005, *SFR*).

▶ **Délégation de compétence et délégation de signature.** Une autorité administrative (alors appelée « délégante ») est fréquemment conduite à confier une partie de ses tâches à un subordonné (dit « délégataire »), car elle ne peut exercer dans leur plénitude la totalité de ses attributions. Tantôt elle délègue l'exercice de certains de ses pouvoirs (délégation de compétence), tantôt elle ne délègue que le pouvoir de signer sous son contrôle (délégation de signature). Ces deux délégations, si elles ont des ***points communs*** (pas de délégation sans texte régulièrement publié, caractère partiel et précis de la délégation, possibilité de subdélégation, caractère non personnalisé de la délégation, etc.) présentent aussi entre elles de ***notables différences*** (sur le régime de la subdélégation de signature, sur le dessaisissement ou non du délégant, sur le rang des actes du délégataire, etc. ; Douai 29 nov. 2011, *C^{ne} de Noyon*).

▶ **Suppléance et intérim.** Lorsque le titulaire est empêché d'exercer sa compétence, soit son remplaçant est automatiquement désigné en vertu d'un texte : il s'agit d'un ***suppléant*** (le président du Sénat assure la suppléance – et non, comme on le dit souvent, l'intérim – du président de la République); soit le remplaçant est choisi avec une certaine liberté : c'est ***l'intérim***. Le remplaçant exerce les prérogatives de celui qu'il remplace.

▶ **Compétences respectives du supérieur hiérarchique et du subordonné.** L'autorité subordonnée, hors délégation, ne peut empiéter sur la compétence de son supérieur. Ce dernier ne peut, à son tour, empiéter sur les prérogatives de son subordonné : il peut lui donner des ordres, rapporter ses actes, mais il n'a pas le pouvoir de substituer ses propres actes à ceux de son subordonné, sauf texte exprès en ce sens, ce qui est exceptionnel (12 nov. 1949, *Yasri Allaoua*). Par ailleurs, le pouvoir hiérarchique ne peut s'exercer que sur une personne réellement subordonnée (12 nov. 1965, *Cie marchande de Tunisie*) et qui a, préalablement, agi.

3. La communication des documents administratifs

Les lois du 17 juillet 1978 et du 12 avril 2000 ont institué une liberté fondamentale (29 avr. 2002, *Ullmann*) : la liberté d'accès aux documents administratifs (voir décret n° 2005-1755 du 30 déc. 2005), en vertu du *principe de transparence* des personnes publiques (16 avr. 2012, *min. Budget*).

→ Le principe de la liberté d'accès

Les documents administratifs sont communicables « de plein droit » (loi de 1978, art. 2) à la triple condition qu'il s'agisse réellement de ***documents*** (exclusion des travaux inachevés, des documents non déterminés [31 janv. 2014, *X.*, 368190] des états provisoires d'une étude, documents perdus...) ***administratifs*** (sont exclus les actes de l'état civil, les actes notariés, les contrats de droit privé conclus par l'administration, les documents de justice [7 mai 2010, *Albert X.*, 303168]...), sauf si l'acte en cause en est détachable (2 nov. 2005, *S^té Banque Delubac et Cie*), ***non déjà publiés*** (affichage : 7 juil. 2010, *C^ne de Mailleroncourt-Saint-Pancras*).

→ L'exercice du droit d'accès

Il faut une demande à la fois ***précise*** et ***non répétitive***, adressée à l'autorité administrative détentrice du document souhaité. La consultation, gratuite, s'effectue sur place ; des copies, payantes, peuvent être délivrées. Si l'administration refuse explicitement de communiquer le document, ou garde le silence pendant un mois (refus implicite), l'intéressé peut saisir, dans les deux mois du refus, la ***Commission d'accès aux documents administratifs*** (CADA), qui a un mois pour formuler son avis. Ensuite, l'administration fait connaître à la CADA, dans le délai d'un mois, la suite qu'elle entend y donner, et notifie à l'intéressé sa décision. Celui-ci dispose de deux mois, à compter de la notification, pour saisir, éventuellement, le juge administratif. Cette saisine est impossible s'il n'y a pas eu un recours préalable à la CADA (25 juill. 1986, *de Rothiacob*), sauf en cas d'urgence.

4. Le principe de précaution

Selon le juge, lorsque, dans une situation donnée, il existe – du fait de l'état actuel de la connaissance – une double incertitude sur la conduite à tenir (Y a-t-il un risque? Si ce risque existe, en quoi consiste-t-il?), l'administration doit adopter, par prudence, une solution d'attente (9 oct. 2002, *Union nationale de l'apiculture française*). La Charte de l'environnement désormais constitutionnalisée, renforce cette exigence (art. 5 ; 30 janv. 2012, *Sté Orange France* ; 12 avr. 2013, *Coordination internationale STOP-THT*, 342409 ; 1eraoût 2013, *Assoc. gén. producteurs maïs et a.*, 358103) sur laquelle le juge n'exerce qu'un contrôle limité à l'erreur manifeste d'appréciation (25 mai 2011, *ADECOTP et a.*, 336477).

B– La force juridique de l'acte administratif unilatéral

Cette force s'exprime par les effets de l'acte dans le temps et par sa puissance intrinsèque.

1. Les effets dans le temps

Il convient d'étudier ses conditions d'entrée en vigueur et de fin de vigueur.

→ L'entrée en vigueur de l'acte administratif

L'entrée en vigueur de l'acte administratif est subordonnée à sa publicité; il n'a, en principe, pas d'effet rétroactif.

▶ **La publicité de l'acte administratif.** Cette publicité est généralement prévue par un texte: les lois et règlements sont publiés au *Journal officiel* sous forme papier et/ou sous forme électronique (y compris, à certaines conditions, par intranet: 11 janv. 2006, *Synd. nat. CGT-ANPE*). Lorsque aucun mode de publicité n'est exigé, la jurisprudence impose une publicité « suffisante » par sa teneur et « adéquate » au public visé (25 janv. 1974, *Jean et autres*; 13 déc. 1974, *Dlle du Gratet du Bouchage*). Ces textes entrent en vigueur simultanément dans toute la France le lendemain de leur publication (ord. du 20 févr. 2004). Par exception, l'entrée en vigueur d'un acte peut être ***retardée*** (entrée en vigueur postérieure à la date de publication) ou ***accélérée*** (en cas d'urgence).

▶ **La non-rétroactivité de l'acte administratif.** Les actes administratifs, en vertu d'un principe général du droit, ne produisent pas d'effet avant leur édiction (28 févr. 1947, *Ville de Lisieux*; 25 juin 1948, *Sté du journal L'Aurore* ; 6 nov. 2009, *Réseau ferré de France*). Le juge veille au respect de ce principe de sécurité dans les relations juridiques, principe qu'il assortit de trois exceptions : **1°**) les actes administratifs s'appliquant aux situations juridiques en cours qui n'ont pas acquis un caractère définitif ; **2°**) les actes administratifs pris en exécution d'une loi elle-même régulièrement rétroactive ; **3°**) les actes pris en conséquence d'une décision juridictionnelle d'annulation, laquelle a normalement un caractère rétroactif.

→ La fin de vigueur de l'acte administratif unilatéral

L'acte administratif ne disparaissant pas par désuétude, il ne cesse de produire effet qu'en vertu d'une décision qui prononce soit son ***abrogation, explicite ou implicite, pour l'avenir***, soit même son ***retrait rétroactif***.

▶ **L'abrogation d'un acte administratif pour l'avenir** consiste à décider que, pour l'avenir, l'acte cessera de produire tout ou partie de ses effets.

- **L'abrogation d'un acte réglementaire** est toujours possible sur décision spontanée de l'administration, les administrés ne disposant d'***aucun droit au maintien des règles générales*** (17 mars 1911, *Blanchet*) alors même qu'elles auraient été édictées pour une durée préfixe (25 juin 1954, *Syndicat de la meunerie à seigle*). Cette abrogation est également possible sur demande des intéressés. Ceux-ci ont un véritable ***droit*** à demander – et à obtenir – l'abrogation d'un règlement qui est illégal soit dès l'origine (3 févr. 1989, *Cie Alitalia*), soit par suite de changements survenus dans les circonstances de droit (10 janv. 1930, *Despujol* ; 10 janv. 1964, *Syndicat national des cadres des bibliothèques* ; 20 déc. 1995, *Mme Vedel et M. Jannot*) ou de fait (10 janv. 1964, *Min. de l'Agriculture c/ Simonnet*) qui motivaient légalement ce règlement.
- **L'abrogation d'un acte non réglementaire** qui n'a pas fait naître de droits est toujours possible, soit sur décision spontanée de l'administration, soit, en vertu d'un principe général du droit (30 nov. 1990, *Association « Les Verts »*), sur demande d'un administré fondée sur ce que cet acte est devenu illégal par suite de changements dans les circonstances de droit ou de fait survenus après son édiction. ***Si l'acte non réglementaire a créé des droits***, on dit qu'il est devenu ***intangible***. Mais en réalité, l'administration peut l'abroger en prenant un acte inverse, contrôlé étroitement par le juge. L'acte susceptible de créer des droits se définit négativement comme celui n'entrant pas dans la catégorie des actes non créateurs ; ne sont pas créateurs : les actes négatifs, provisoires, conditionnels, purement récognitifs, préparatoires, etc. Les décisions pécuniaires peuvent désormais être créatrices de droits (6 nov. 2002, *Soulier*).

▶ **Le retrait rétroactif de l'acte administratif** est une mesure grave : l'administration anéantit son acte non seulement pour l'avenir, mais encore pour le passé.

- **Le retrait rétroactif de l'acte régulier** est impossible s'il est créateur de droits (21 nov. 1947, *D^elle^ Ingrand* ; 1er déc. 1950, *EDF*), il est en revanche toujours possible s'il n'a pas créé de droits (26 mai 1950, *Carrel*).

- **Le retrait rétroactif de la décision réglementaire irrégulière.** ***Lorsque la décision irrégulière, explicite ou implicite, n'a pas créé de droits***, elle est toujours susceptible d'être retirée (14 nov. 1958, *Ponard*) ; ce retrait est même une obligation pour l'administration (13 févr. 1948, *Syndicat national des statistiques*). ***Lorsque la décision irrégulière a créé des droits et constitue une décision explicite***, l'administration peut la retirer pour illégalité pendant un délai – de création purement prétorienne – de quatre mois (26 oct. 2001, *Ternon*; 3 oct. 2003, *Wetzstein*). Passé ce délai, elle ne peut plus la retirer, même en cas de formation d'un recours contentieux (abandon partiel, sur ce point, de la jurisprudence du 3 nov. 1922, *Dame Cachet*). Dans un souci de sécurité juridique des administrés (inauguré par 24 oct. 1997, *Mme de Laubier*), le juge a opté, ***d'une part***, pour une dissociation des points de départ du délai de recours contentieux (jour de la notification ou de la publication de la décision) et du délai de retrait (jour où est prise, même sans publicité, la décision), ***d'autre part***, pour une dissociation de la durée des délais de recours contentieux (deux mois) et de retrait (quatre mois). Il est ainsi mis fin à la très contestable jurisprudence *Ville de Bagneux* (6 mai 1966). ***Lorsque la décision irrégulière a créé des droits et constitue une décision implicite (ou tacite)***, la loi du 12 avril 2000 (art. 23), abandonnant la solution issue de l'arrêt *Eve* (14 déc. 1969), décide que son retrait rétroactif est possible dans le délai de deux mois à compter du jour où elle est intervenue lorsque aucune mesure d'information des tiers n'a eu lieu; elle est encore retirable, en cas de formation d'un recours contentieux contre cette décision, pendant toute la durée de l'instance (12 oct. 2006, *Cavallo*).

2. La sécurité juridique et la confiance légitime

En vertu du principe général du droit qu'est la sécurité juridique (24 mars 2006, *KPMG et autres;* 30 mars 2007, *Sté ENEL*), l'administration ne peut pas, par des actes brutaux ou inattendus, tromper la confiance que les administrés ont légitimement eue de voir maintenu, pour le futur, l'état actuel du droit, (obligation, le cas échéant, de prendre des dispositions transitoires adéquates: 10 avr. 2009, *AMEB*), même si celui-ci résulte de « tolérances » irrégulières (CAA Paris, 8 nov. 2005, *Sté Exofarm*). Toutefois, le principe de confiance légitime ne joue que dans le cadre de l'application du droit de l'Union européenne (16 déc. 2013, *Sté ESCOTA*, 369304)

3. L'autorité de l'acte administratif

➜ Caractères de l'autorité de l'acte administratif

On parle, depuis Hauriou, d'« autorité de chose décidée » pour caractériser un acte qui, par sa nature et ses effets, est intermédiaire entre les jugements et les actes de droit privé.

▶ **L'acte administratif n'a pas l'autorité de la chose jugée.** Il n'a pas la « force de vérité légale » qui s'attache aux décisions de justice: même « définitif », il peut encore donner lieu à une action en responsabilité ou, s'il est réglementaire, en exception d'illégalité ; l'acte administratif peut, à certaines conditions, faire l'objet d'un retrait ou d'une abrogation, cela est impossible pour un jugement.

▶ **L'acte administratif est plus puissant que l'acte de droit privé.** Ceci résulte du ***privilège du préalable*** (droit d'imposer aux tiers des obligations sans leur consentement) et de ce que l'administration peut se délivrer à elle-même, sans recourir au juge, un ***titre exécutoire*** : ainsi, le recours au juge ne suspend pas l'obligation d'exécuter l'acte administratif contesté ; l'administration peut, parfois, recourir à l'exécution forcée de ses actes en cas de refus d'un administré, ce qui est impossible aux particuliers.

→ Le régime de l'exécution de l'acte administratif, conséquence de son autorité

Lorsque les administrés n'exécutent pas les décisions de l'administration, celle-ci dispose d'une gamme étendue de sanctions ou de moyens de contrainte.

▶ **Les sanctions : hypothèse normale.** Le refus d'exécuter une décision administrative est réprimé par la ***sanction pénale*** (contravention aux règlements « légalement faits par l'autorité administrative... », infractions spécifiques instituées par certains textes), ou par les ***sanctions administratives***, nombreuses, qui n'obéissent qu'en partie aux règles régissant les sanctions pénales et frappent les comportements les plus divers (code de la route, débits de boissons, sanctions disciplinaires...).

▶ **L'exécution forcée : hypothèse exceptionnelle.** Le principe est que l'administration n'a pas le droit de recourir à la force pour faire exécuter ses décisions. ***Le recours à l'exécution forcée des actes administratifs*** n'est possible que dans les cas strictement définis par Romieu dans ses conclusions sur TC, 2 déc. 1902, *S^té^ immobilière de Saint-Just.*

- **La décision de recourir à l'exécution forcée** est légale dans l'un des trois cas suivants : **1°)** l'exécution forcée est prévue par une loi, **2°)** aucune autre sanction, même pénale, n'existe (17 mars 1911, *Abbé Bouchon*), **3°)** il y a urgence (CAA Paris, 4 nov. 2003, *Niakate*).
- **L'exécution matérielle elle-même** n'est légale que si trois conditions sont réunies cumulativement : **1°)** l'exécution forcée doit trouver sa source dans une loi précise, **2°)** l'administration doit s'être heurtée à une « mauvaise volonté caractérisée » des intéressés, **3°)** l'exécution forcée ne doit tendre qu'à la réalisation d'une opération prescrite par la loi.

La sanction du recours illégal à l'exécution forcée d'une décision administrative – même légale – est la qualification de celui-ci comme ***voie de fait***, s'il porte atteinte à un droit ou une liberté fondamentaux (TC, 25 nov. 1963, *Commune de Saint-Just-Chaleyssin* ; TC, 12 janv. 1987, *Mme veuve Caille*), à tout le moins comme entaché d'illégalité (8 avr. 1961, *Dame Klein*), susceptible d'engager la responsabilité fautive de l'administration.

IV. L'acte administratif plurilatéral : le contrat administratif

Si l'administration – qui dispose de la liberté contractuelle (20 janv. 1989, S[té] *Berry-Loire*; CC, n° 2000-437 DC, 19 déc. 2000) – peut recourir au procédé du contrat, elle n'a pas une liberté entière en ce domaine: certains types de contrats (compromis et clause compromissoire) ou la contractualisation en certaines matières (police) lui sont interdits; d'autres lui sont imposés dans divers cas. Enfin, l'administration peut passer des contrats relevant du droit public ou du droit privé. D'où l'examen de la notion (A) et du régime (B) juridiques du contrat administratif ainsi que des modalités de son exécution (C).

A– La notion de contrat administratif

Après avoir exposé les critères du contrat administratif (TC, 15 nov. 2004, *S.A. Loxxia bail Slibail*), on recensera les différents types de contrats administratifs.

1. Les critères du contrat administratif

Le contrat peut être ***administratif (ou privé) par détermination légale ou réglementaire***, celle-ci ne pouvant pas être rétroactive (6 juin 2012, *C[ne] de la Vallée au blé*): marchés de travaux publics (loi du 28 pluviôse an VIII), marchés publics (code des marchés publics: 31 mars 2010, *G. Renard*), contrats d'occupation du domaine public (décret-loi du 17 juin 1938), emprunts publics de l'État (lois des 17 juillet 1790 et 26 septembre 1793). La loi peut aussi qualifier un contrat de l'administration de contrat de droit privé ou en soumettre le contentieux au juge judiciaire (affermage des taxes communales: décret du 17 mai 1809). Dans la plupart des cas, cependant, le contrat est ***administratif par détermination jurisprudentielle***, en raison du silence de la loi. La jurisprudence retient un ***critère organique*** qu'elle combine s'il y a lieu avec l'un des ***critères matériels***.

➜ Le critère organique du contrat administratif

Pour qu'un contrat soit administratif, il faut qu'au moins une personne publique soit présente ou représentée dans ce contrat.

▶ **Principes.** Le ***contrat conclu entre personnes publiques*** est administratif (Cass. civ., 1re ch., 30 sept. 2003, *SMPDC*), sauf s'il ne fait naître entre elles, à raison de son objet, que des rapports de droit privé (TC, 21 mars 1983, *UAP*; Marseille, 9 juil. 2007, *C[ne] Alet-les-Bains*) ou si l'une d'elles est de nationalité étrangère et soumise à une loi étrangère (30 mars 2005, *SCP de médecins Reichheld et Sturtzer*). Le ***contrat comportant la présence d'au moins une personne privée est normalement de droit privé*** car le critère organique n'est qu'imparfaitement satisfait sauf si le contrat remplit l'un des deux critères matériels. Le ***contrat conclu entre personnes privées*** est toujours de droit privé (28 nov. 1952, *S^{té} auxiliaire de distribution d'eau*), même s'il a un contenu semblable à celui d'un contrat administratif ou s'il fait l'objet d'une approbation par une personne publique (4 mai 1984, *Maternité régionale A. Pinard*), ou s'il concerne une mission de service public (TC, 4 mai 1987, *Du Puy de Clinchamps*; TC, 4 mai 1987, *Mlle Égloff*).

▶ **Exceptions.** Il n'en va autrement que si l'on se trouve dans l'un des quatre cas suivants et si, en même temps, le contrat satisfait à l'un des deux cas matériels:

1°) l'une des personnes privées est ***mandataire*** d'une personne publique (30 janv. 1931, *La Brossette et fils*; TC, 23 sept. 2002, *S^{tés} Sotrame et Métalform c/ G.I.E. SESAM-Vitale*) ;

2°) le contrat passé entre deux personnes privées porte sur un ***objet appartenant par nature*** aux personnes publiques (TC, 8 juill. 1963, *S^{té} Entreprise Peyrot*; TC, 12 nov. 1984, *S^{té} d'économie mixte du tunnel de Sainte-Marie-aux-Mines*; 3 mars 1989, *S^{té} des autoroutes de la région Rhône-Alpes* ; 23 déc. 2011, *S^{té} Autoroutes Paris-Rhin-Rhône*) ;

3°) l'une des personnes privées, sans être véritablement mandataire, apparaît dans le contrat comme « agissant au nom et pour le compte » d'une personne publique (30 mai 1975, *S^{té} d'équipement de la région montpelliéraine*; TC, 7 juill. 1975, *C^{ne} d'Agde*) ;

4°) l'une des personnes privées est « transparente », étant fortement dépendante d'une personne publique pour sa création, son organisation, son fonctionnement et ses ressources (21 mars 2007, *C^{ne} de Boulogne-Billancourt*).

➔ Les critères matériels du contrat administratif

Le contrat conclu entre personne(s) publique(s) et personne(s) privée(s) ou celui ne comportant que des personnes privées est normalement un contrat de droit privé (TC, 6 juil. 2009, *S^{té} coop. agric. Agrial*), sauf s'il concerne le service public ou a un certain contenu.

▶ **Liaison du contrat avec le service public.** Ce critère est alternatif:

1°) Soit le contrat fait participer le cocontractant privé ***à l'exécution même du service public*** (20 avr. 1956, *Époux Bertin,* à propos de l'hébergement et de la fourniture d'aliments à des réfugiés russes; 20 avr. 1956, *Min. de l'Agriculture c/ Consorts Grimouard*; TC, 25 nov. 1963, *Dame veuve Mazerand*; TC, 18 mars 1991, *S. Kermann*; CAA Nantes, 31 mai 2001, *Brunet*), ce qui va au-delà d'une simple participation ou d'une collaboration (TC 21 mai 2007, *S^{té} CODIAM*).

2°) Soit le contrat a pour ***objet même l'exécution du service public*** (14 nov. 1958, *Union meunière de la Gironde*; TC, 24 juin 1968, *S^{té} « Distilleries bretonnes » et autres*; 26 juin 1974, *S^{té} « La maison des isolants de France »* ; TC 29 déc. 2004, *Dorel*) car le contrat est l'une des modalités de l'exécution de tout ou partie du service public.

▶ **Contenu du contrat.** Le contrat contient une (ou plusieurs) ***clause exorbitante du droit commun***, insusceptible de se rencontrer dans un contrat privé ou très inégalitaire, ou accordant un fort pouvoir de contrôle à l'administration, ou inhabituelle dans ce genre de relations (31 juill. 1912, *Sté des granits porphyroïdes des Vosges*; 15 févr. 1936, *Sté française de constructions mécaniques*; 25 mars 1949, *Sté J. Huret*; TC, 20 juin 2005, *Sté hôtelière guyanaise;* Cass. 1ère civ. 28 mars 2006, *SNCF*). L'identification du caractère exorbitant d'une clause est souvent délicate (TC, 20 fév. 2008, *Verrière*).

Toutefois, on le verra (chap. 4), les contrats conclus par un SPIC avec ses usagers sont toujours des contrats de droit privé même s'ils contiennent une clause exorbitante (13 oct. 1961, *Établissements Campanon-Rey*; TC, 17 déc. 1962, *Dame Bertrand*). Il en va de même en cas de refus du SPIC de contracter avec un usager potentiel (4 nov. 2005, *Ville de Dijon*). La solution est identique pour les contrats portant sur la gestion du domaine privé même lorsqu'ils comportent une telle clause exorbitante (TC, 17 nov. 1975, *Leclert*; TC, 15 janv. 1990, *Macia*).

Ce critère a paru, un certain temps, comporter une alternative (le « ***climat de droit public*** » ou le « ***régime exorbitant*** » – cf. par exemple 19 janv. 1973, *Sté d'exploitation électrique de la Rivière du Sant*) ; celle-ci est abandonnée désormais (TC, 5 juill. 1999, *Commune de Sauve* et *UGAP*, deux arrêts).

2. Les différents contrats administratifs

Les types de contrats que peut passer l'administration sont nombreux. On ne peut guère que les énumérer. Deux catégories principales existent. **1°**) Les contrats qui confient à une personne, publique ou privée, tout ou partie de l'exploitation ou de la gestion d'un service public, c'est la « ***délégation de service public*** » (loi 6 février 1992) lorsque, en outre, la rémunération du délégataire est substantiellement liée aux résultats de l'exploitation du service (15 avr. 1996, *Préfet des Bouches-du-Rhône*, et loi du 11 décembre 2001). **2°**) Les contrats qui ne remplissent pas cette double condition (sur cette distinction : 15 mai 2013, *Ville de Paris*, 364593).

→ Exemples de contrats constituant des délégations de la gestion d'un service public

▶ **La concession.** La concession est un contrat par lequel une personne publique (le ***concédant***) confie à une personne, normalement privée (le ***concessionnaire***), la gestion d'un service public ou la réalisation d'un travail public, ou les deux à la fois, à charge pour cette dernière de se rémunérer sur les usagers en leur faisant acquitter une ***redevance*** pour le service fourni (TC, 4 févr. 1974, *Époux Di Vita c/ Mayet*; avis du 14 oct. 1980). Il peut exister une ***concession de travaux publics sans service public*** ou une ***concession de service public sans travail public***. Le cas le plus fréquent est celui de la ***concession de travaux publics et de service public***: construction d'un ouvrage et exploitation de celui-ci (pont à péage, tunnel routier, autoroute).

- **Conclusion du contrat de concession.** Cette conclusion, longtemps dominée par le principe de l'*intuitus personae*, doit satisfaire aujourd'hui à une mise en concurrence effective lorsque le montant, réel ou escompté, du contrat excède certains seuils. Les stipulations de l'acte de concession sont constituées, d'une part, par un ***cahier des charges*** (souvent rédigé suivant des cahiers types applicables en fonction de l'objet du contrat de concession), d'autre part, par ***le contrat de concession*** (partie proprement contractuelle de ce document). Cet acte comprend ainsi pour partie des *dispositions réglementaires* (clauses du contrat relatives aux conditions de la gestion du service public concédé) et pour partie des *dispositions véritablement contractuelles* (fixation des tarifs, des conditions financières – recettes, subventions, aides diverses, conditions de l'équilibre financier – et octroi des privilèges). ***Le concédant*** dispose de pouvoirs envers son cocontractant: contrôle de la correcte exécution du contrat, pouvoir de sanction. Il a aussi des obligations: garantie d'exécution paisible du contrat, respect des conditions de rémunération et des conditions de l'équilibre financier, etc. ***Le concessionnaire*** dispose de droits: droit à ce que lui soient accordés certains moyens d'action (possibilité d'exproprier, prérogatives de puissance publique, droit d'occupation temporaire, occupation du domaine public), droit à rémunération (redevance assise sur les usagers du service), droit à l'évolution des tarifs, droit à l'équilibre financier du contrat. Il peut se voir reconnaître, également, certains privilèges: monopole législatif d'exploitation, privilège d'exploitation ou, quand cela est juridiquement possible, protection contre la concurrence. Le concessionnaire a aussi des obligations: exécution correcte et loyale du contrat, accomplissement des obligations supplémentaires imposées par le concédant, soumission aux contrôles et aux ordres de service du concédant, prohibition de la sous-traitance sans l'accord du concédant.
- **Fin de la concession.** La concession peut prendre fin par ***l'arrivée du terme prévu*** (expiration de la durée pour laquelle elle avait été conclue), par suite d'un cas de ***force majeure***, par le ***rachat de la concession***, faculté qui existe de plein droit au profit du concédant, enfin, par la ***déchéance du concessionnaire***, qui est une sanction.

▶ **La régie intéressée.** C'est un mode de gestion du service public par une personne publique en dépit de l'intervention d'un tiers extérieur à l'administration (19 janv. 1912, *Marc et Bérenger*; concl. Grévisse sur 19 oct. 1955, *Bergeon*). L'administration se fait assister par une personne privée, physique ou morale. En ce sens, la régie intéressée ressemble à la concession, mais elle ne lui est pas assimilable car le régisseur est rémunéré en fonction des résultats de l'exploitation du service, résultats qui ne sont pas des bénéfices financiers mais des prestations matérielles non directement financières. Il s'agit, en réalité, de s'assurer le concours actif du régisseur en lui attribuant des primes.

En dehors de ce critère, la régie intéressée peut se comparer à la concession. C'est pour cela qu'elle est peu utilisée : elle cumule les inconvénients de la régie (risques assumés directement par l'administration) et ceux de la concession (10 mars 1950, *Département de la Seine*; 21 oct. 1985, *S^té^ des transports automobiles Michel Delattre*).

▶ **L'affermage.** C'est un contrat par lequel une personne publique charge un cocontractant (fermier) d'exploiter un service public existant, moyennant perception de redevances sur les usagers. Une double différence sépare l'affermage de la concession de service public : le fermier reçoit de l'administration des ouvrages et installations qu'il n'a pas lui-même créés, et il verse à celle-ci, de ce fait, une redevance pour leur utilisation (29 avr. 1987, *Commune d'Élancourt*). Doivent être mis à part ***l'affermage des droits de places*** sur les halles et les marchés et celui ***des taxes municipales*** perçus par un particulier pour le compte de la personne publique.

→ Exemples de contrats n'emportant pas délégation de la gestion d'un service public

▶ **Le marché public.** Le marché est un contrat d'achat : la rémunération est versée par l'administration à son cocontractant (entrepreneur) sous forme d'un ***prix*** et non d'une redevance assise sur les usagers (5 juin 2009, *S^té^ Avenance*), ainsi en va-t-il des contrats de mobilier urbain (4 nov. 2005, *S^té^ J.-C. Decaux*). Les principaux marchés publics sont :

- **Le marché de travaux publics**, le plus important des marchés publics, a pour objet l'exécution, par le cocontractant, d'une opération de travaux publics (construction, démolition, réparation, aménagement... d'un ouvrage public) moyennant un prix.
- **Le marché de prestations intellectuelles** comporte des travaux d'ordre « cérébral » : conception, étude, devis, analyse...
- **Le marché de fournitures courantes et de services** comporte obligation, pour l'entrepreneur, de livrer des produits, denrées, objets ou d'assurer des prestations en nature (nettoyage).
- **Le marché industriel** concerne des prestations d'une certaine ampleur et d'une certaine sophistication, de nature scientifique, mécanique, qui peuvent consister en fabrication, réparation, transformation.

▶ **L'offre de concours.** C'est un contrat par lequel une personne (publique ou privée) s'engage à participer (en nature, en espèces...) aux frais nécessités par un travail public qu'elle souhaite voir réaliser – parce qu'elle y a un intérêt au moins pratique – (10 oct. 2007, *C^ne^ de Biot*). L'administration « bénéficiaire » de l'offre n'est normalement jamais obligée de l'accepter.

▶ **Le marché d'entreprise de travaux publics.** Par ce contrat, une personne publique confie à un entrepreneur, contre paiement d'un ***prix*** à celui-ci, soit ***à la fois la***

construction d'un ouvrage nécessaire à un service public (ce qui est assez comparable à un marché public) ***et l'exploitation*** de cet ouvrage (ce qui ressemble à la concession), soit seulement l'exploitation de celui-ci. Ce type de contrat, très controversé en raison de certaines dérives dans son utilisation, avait été abrogé par le code des marchés du 7 mars 2001 ; il a été rétabli par celui publié le 7 janvier 2004 et maintenu dans le code 2006.

▸ **Les contrats de partenariat public-privé (PPP).** L'ordonnance du 17 juin 2004 modifiée a créé les « contrats PPP » afin de fournir, à certaines conditions (23 juil. 2010, *Lenoir*), un cadre légal sûr pour permettre la conclusion de contrats comportant une clause de paiement différé (29 oct. 2004, *Sueur*).

B– Le régime juridique du contrat administratif

Ce régime peut sensiblement différer de celui des contrats civils, car le contrat administratif n'est pas conclu dans l'intérêt des parties mais dans l'intérêt général. D'où l'inexistence, en droit administratif, de *l'exceptio non adimpleti contractus*: l'inexécution de ses obligations par la personne publique ***ne dispense pas le cocontractant privé d'exécuter ses propres obligations*** (7 janv. 1976, *Ville d'Amiens*). De même, la tacite reconduction n'existe pas pour ces contrats: il faut conclure un nouveau contrat (29 nov. 2000, *Commune de Païta*). Ces différences, réelles, ne doivent cependant pas être exagérées : le droit commun contractuel trouve largement à s'appliquer.

1. La formation du contrat administratif

➜ L'autorité administrative contractante

La distinction essentielle à faire est entre ***l'autorisation de contracter*** (généralement accordée par l'organe délibérant de la collectivité) et ***la décision de contracter*** (prise par l'exécutif de la collectivité). Seule cette dernière permet l'établissement du lien contractuel. L'organe délibérant peut, parfois, prendre lui-même la décision de contracter. Celle-ci est souvent précédée d'une ***obligation de consultation***; elle est aussi, fréquemment, soumise à une ***procédure d'approbation*** par l'autorité compétente. Le non-respect de ces exigences peut entraîner, sous réserve du principe de loyauté contractuelle, la nullité du contrat (28 déc. 2009, *C^ne^ de Béziers*) et engage la responsabilité extracontractuelle de la personne publique (24 avr. 1964, *S^té^ des Huileries de Chauny*).

➜ Le cocontractant de l'administration

Le cocontractant doit avoir la capacité juridique pour contracter et, pour certains contrats, il doit être ressortissant de l'un des États membres de l'Union européenne. Le principe d'*intuitus personae*, en vertu duquel un contrat est passé avec une personne déterminée en raison des qualités qu'on lui reconnaît, favorise une très grande liberté de l'autorité publique dans le choix du cocontractant, que vient combattre l'exigence de « mise en concurrence ». Une jurisprudence traditionnelle soumettait les concessions au principe d'*intuitus personae* (4 févr. 1955, *Ville de Saverne*), et les marchés publics au principe de la mise en concurrence. Le droit communautaire (directives), ignorant ces catégories juridiques, a bouleversé cette distinction pour les contrats excédant un certain seuil financier : en ce cas, une mise en concurrence communautaire, avec publicité au niveau communautaire, est obligatoire quelle que soit la nature du contrat. Par ailleurs, ces directives ont conduit à l'introduction de voies de recours particulières et très énergiques : le ***référé pré-contractuel et le référé contractuel*** destinés à assurer le respect affectif du droit (10 juin 1994, *C^ne^ de Cabourg* ; 15 déc. 2006, *S^té^ Corsica Ferries*).

Les procédures de choix du contractant sont très diverses.

Le procédé de l'adjudication ayant été abandonné, les marchés sont normalement passés sur ***appel d'offres ouvert*** (tout candidat peut remettre une offre) **ou *restreint*** (peuvent remettre des offres les candidats préalablement autorisés) : est choisie l'offre économiquement la plus avantageuse, sans négociations, sur la base de critères objectifs. Les marchés peuvent aussi être notamment passés selon l'une des procédures suivantes :

1°) ***procédure négociée*** (après publicité préalable et mise en concurrence, ou sans publicité préalable mais avec mise en concurrence, ou sans publicité préalable et sans mise en concurrence) ;

2°) ***procédure de dialogue compétitif*** (les moyens techniques pouvant répondre aux besoins ne peuvent encore être définis) ;

3°) ***procédure de conception-réalisation*** (pour les marchés portant à la fois sur la définition du projet et sur l'exécution de certains types de travaux) ;

4°) ***procédure du concours*** (ouverte ou fermée, elle permet de choisir, après mise en concurrence et avis d'un jury, un plan ou un projet, dans divers domaines) ;

5°) ***procédure des marchés de définition*** (la personne publique n'est pas en mesure de préciser les buts et performances à atteindre par le marché, les techniques de base à utiliser, les moyens en personnel et en matériel à mettre en œuvre) ;

6°) ***procédures particulières*** (par exemple, certains marchés de services, de maîtrise d'œuvre, ou relatifs à des opérations de communication) ;

7°) ***procédure adaptée*** (le marché, dit « MAPA », dont le montant estimé est inférieur à certains seuils, est passé selon des modalités de publicité et de mise en concurrence déterminées en fonction de l'objet du marché et de ses caractéristiques).

Il existe, enfin, des dispositions propres à certains marchés (marchés fractionnés, de définition, de maîtrise d'œuvre, d'opérateurs de réseaux).

Le recours par l'administration aux différents procédés était dominé, surtout au XIXe siècle, par la volonté d'assurer la satisfaction de l'intérêt général au moindre coût, et par le souci d'éviter que la puissance publique ne s'engage elle-même dans l'action commerciale ou industrielle avec ses aléas. Ce schéma théorique a vite été dépassé. Le moindre coût s'est révélé être aussi la plus mauvaise qualité. Ensuite, la puissance publique s'est trouvée contrainte, dans l'intérêt général, de voler au secours financier de ses cocontractants souvent incapables d'assumer leurs obligations à des prix aussi bas. Enfin, la prétendue concurrence n'empêchait pas les ententes entre candidats. C'est pourquoi les règles ont été progressivement assouplies, avec l'admission de la ***co-traitance*** et de la ***sous-traitance*** des contrats administratifs et la modernisation profonde des modes de conclusion comme des objectifs de ces contrats.

2. Les règles relatives au contrat lui-même

Fréquemment, aucune forme particulière n'est exigée du contrat administratif. Il peut même être verbal (20 avr. 1956, *Époux Bertin*, précité), seul le marché public est obligatoirement écrit, ou tacite (23 déc. 2011, *FDSEA de Corrèze*).

→ Le contenu du contrat

Les conditions d'exécution du contrat ainsi que le régime des relations entre les cocontractants figurent dans des cahiers des charges que la personne responsable du marché peut décider ou non de viser. Elles ne peuvent aboutir à fausser le jeu de la concurrence (15 déc. 2006, *Corsica Ferries*).

▶ **Les documents généraux des cahiers des charges.** Il existe deux documents généraux :

1°) ***Les cahiers des clauses administratives générales (CCAG)*** contiennent les dispositions administratives applicables à chaque catégorie de marchés (fournitures courantes, prestations intellectuelles, travaux, industriels). Ils ne s'appliquent qu'aux marchés qui s'y réfèrent.

2°) ***Les cahiers des clauses techniques générales (CCTG)*** contiennent les dispositions applicables à toutes les prestations d'une même nature. Ils sont établis par ministère. Ces divers cahiers n'ont qu'un caractère indicatif.

▶ Il existe également des **documents particuliers** :

1°) ***Les cahiers des clauses administratives particulières (CCAP)*** sont destinés à déterminer les prescriptions administratives propres à chaque marché.

2°) ***Les cahiers des clauses techniques particulières (CCTP)*** fixent les dispositions techniques nécessaires à l'exécution des prestations prévues au marché (devis, ouvrages à exécuter ou marchandises à livrer, spécifications techniques, matériaux à utiliser, etc.).

→ Les conditions de validité du contrat

Elles sont proches de celles rencontrées en droit civil.

▶ **Le consentement doit exister validement.** Il n'y a point contrat s'il n'y a pas consentement (11 févr. 1972, *OPHLM du Calvados et Caisse franco-néerlandaise de cautionnement*) ou si celui-ci est vicié (erreur sur la personne du cocontractant ou sur l'objet du contrat; dol: 23 juin 1978, *Consorts Michel*; Paris, 17 avr. 2007, *SNCF*; fraude: 3 avr. 1991, *Sté SMAC Aciéroïd*; violence: 15 janv. 1931, *Boyreau*; 9 nov. 1936, *Dame X.*).

▶ **Le contrat doit avoir été conclu par un agent compétent pour engager la collectivité.** À défaut, le contrat peut être déclaré nul, et cette nullité est susceptible d'engager la responsabilité extracontractuelle de la collectivité (21 oct. 1949, *Min. du Travail*; 26 mars 1999, *Sté Hertz-France et autres*).

▶ **L'objet du contrat doit être déterminé et licite.** Le caractère illicite n'a cependant d'effets que s'il a réellement déterminé les parties à conclure.

▶ **Le contrat peut avoir une durée déterminée ou indéterminée, mais il ne peut avoir un caractère perpétuel** (5 fév. 2009, *SCA de Nice et des A.- M.*). La question se pose de savoir si, en ce dernier cas, le contrat est nul ou s'il tombe sous le pouvoir de réformation de la personne publique.

▶ **Le contrat doit avoir une cause et celle-ci doit être licite.** L'absence de cause, la fausse cause ou la cause illicite vicie le contrat (5 mars 1954, *Delle Soulier* 29 sept. 2007, *OPHLM du Gard*) ; elle est rare en droit administratif (29 janv. 1947, *Michaux*).

▶ **Le contrat doit porter sur une matière dans laquelle l'autorité administrative peut contracter.** Dans certains domaines l'administration ne peut agir que par voie unilatérale: gestion des agents publics placés dans une situation légale et réglementaire (25 oct. 1929, *Portebois*); police rurale (17 juin 1932, *Ville de Castelnaudary*) et toutes autres formes de police; dans d'autres domaines la loi a attribué un pouvoir réglementaire à l'administration (20 janv. 1978, *Syndicat national de l'enseignement technique agricole public*).

C– L'exécution du contrat administratif

Tout d'abord, pèse sur tout contractant une obligation d'***exécuter de bonne foi***: la fraude a de très lourdes conséquences. Ensuite, le juge administratif ***ne se reconnaît pas***, en principe, ***le pouvoir d'annuler des mesures prises*** par un des contractants et contraires aux clauses du contrat, préférant accorder des dommages-intérêts, sauf lorsque le contrat est passé entre personnes publiques et a pour objet l'organisation du service public (31 mars 1989, *Département de la Moselle*; 13 mars 1992, *Commune d'Ivry-sur-Seine*; 25 mai 1992, *Département de l'Hérault*). Enfin, l'exécution des contrats administratifs est dominée par l'idée qu'ils sont conclus dans l'intérêt général et qu'ils doivent suivre, dans le futur, toutes les variations de cet intérêt, lesquelles imposeront, le cas échéant, des ***modifications aux droits et obligations*** respectifs de chacun des contractants.

1. Les pouvoirs de l'administration contractante

C'est ici que le contrat administratif s'éloigne le plus du schéma civiliste du contrat brossé dans le célèbre article 1134 du Code civil. Cette originalité demeure toutefois limitée : la plupart des contrats publics sont exécutés tels que conclus. Ils sont bien, de fait, « la loi des parties » car il est une unique notion de contrat.

→ Les pouvoirs de l'administration sur les modalités d'exécution du contrat

L'administration détient quatre pouvoirs principaux.

▶ **Le pouvoir d'exiger l'exécution personnelle du contrat par le cocontractant.** Le cocontractant choisi doit exécuter personnellement le contrat. Ainsi, les changements intervenus dans le capital d'une personne morale peuvent entraîner la résiliation du contrat (CAA Lyon, 9 avr. 1991, *S[té] « Les téléphériques du massif du Mont-Blanc » et Commune de Saint-Gervais*). Pareillement, est interdit le commerce de marchés publics, et sont réglementées la sous-traitance comme la cession des contrats publics.

▶ **Le pouvoir de direction et de contrôle.** L'administration, même quand elle n'est pas maître de l'ouvrage, peut intervenir à tout moment pour donner à son cocontractant des ***ordres de service*** concernant la manière d'exécuter le contrat. Ces ordres s'imposent même s'ils sont contraires aux stipulations du contrat. Un pouvoir de surveillance lui appartient également, qu'il soit prévu (cas le plus fréquent) ou non par les cahiers des charges.

▶ **Le pouvoir de modification unilatérale du contrat.** L'administration possède un pouvoir général et permanent de modifier ***unilatéralement***, c'est-à-dire sans l'accord de son partenaire contractuel, tout contrat administratif (21 mars 1910, *Cie générale française de tramways*; 2 févr. 1983, *Union des transports publics urbains et régionaux*; 2 févr. 1987, *S[té] TV6 et autres*; TC, 2 mars 1987, *S[té] d'aménagement et de développement de Briançon-Montgenèvre c/ Commune de Montgenèvre*). C'est un pouvoir rarement utilisé sur lequel la doctrine, civiliste comme administrative, s'est abusivement focalisée.

Ce pouvoir, moins étendu qu'on le dit parfois (cf. 27 oct. 2010, *Synd. interc[nal] des transports publics de Cannes*), connaît une double limite :

1°) Il ne peut s'exercer que sur certaines clauses du contrat, celles qui intéressent le service public et ses besoins, et moyennant alors des contreparties financières (concl. L. Blum sur 21 mars 1910, *Cie générale française de tramways*, précité).

2°) Ce pouvoir doit être utilisé raisonnablement, son usage immodéré pouvant entraîner la résiliation du contrat à la demande du cocontractant privé (23 juin 1920, *Briançon*; 18 juill. 1930, *Cie PLM et autres*).

Lorsque le contenu d'un contrat est entièrement déterminé par voie législative ou réglementaire (contrat d'abonnement téléphonique), l'autorité administrative ne peut procéder à sa modification unilatérale qu'après avoir modifié ou fait modifier les règles générales qui lui sont applicables (6 mai 1985, *Min. des PTT c/ Ricard*).

▶ **Le pouvoir de sanction.** Le pouvoir de sanction contractuelle appartenant à l'autorité administrative est particulièrement exorbitant du droit commun. Lorsque le contrat prévoit un tel pouvoir au bénéfice de la personne publique ainsi qu'une échelle des sanctions, l'administration peut recourir à d'autres sanctions que celles prévues. Lorsque le contrat n'a pas prévu de sanctions, l'administration peut tout de même y recourir (31 mai 1907, *Deplanque*). Elle peut les appliquer d'office (sauf cas de la déchéance). Ce pouvoir n'est pas illimité : il ne peut être fait usage des pouvoirs de police pour sanctionner l'exécution du contrat ; la sanction ne peut être prononcée qu'après mise en demeure avec respect des droits de la défense. Les sanctions sont de deux sortes : de ***nature pécuniaire*** (pénalités contractuelles - sortes d'amendes prévues au contrat -, dommages-intérêts même non prévus au contrat) ou de ***nature coercitive*** (mise sous séquestre - mesure provisoire prise à titre conservatoire -, mise en régie, déchéance du cocontractant).

→ Pouvoirs de l'administration sur la durée du contrat

Certaines modalités d'extinction des contrats administratifs ne leur sont pas propres (arrivée du terme convenu, exécution complète du contrat, décès du cocontractant, cas de force majeure [3 mars 2010, *C^ne^ de Garges-les-Gonesse*], disparition de l'objet du contrat). La résiliation unilatérale est la modalité d'extinction exorbitante ; elle est désormais placée tout entière sous le contrôle du juge (21 mars 2011, *C^ne^ de Béziers*).

▶ **La résiliation-sanction.** La résiliation du contrat (appelée « déchéance » dans la concession, et « résiliation aux torts et griefs » dans le marché public) est la sanction la plus lourde. Elle est subordonnée à une faute grave de l'administration ou de son cocontractant et ne peut être prononcée d'office : celui des contractants qui sollicite la résiliation ***doit s'adresser au juge***. Cette sanction peut se cumuler avec des pénalités contractuelles ou des dommages-intérêts.

▶ **La résiliation motivée par l'intérêt général.** Ce pouvoir de résiliation du contrat, sans faute du cocontractant, dans le but de satisfaire l'intérêt général, est un principe général du droit des contrats administratifs (9 déc. 1927, *Gargiulo* ; CC, n° 84-182 DC du 18 janvier 1985) ; il existe même s'il n'a pas été prévu et il ne céderait pas devant une clause contraire. Pouvoir discrétionnaire, il n'a pas à être motivé (2 févr. 1987, *S^té^ TV6 et autres* ; TC, 2 mars 1987, *S^té^ d'aménagement et de développement de Briançon-Montgenèvre*). L'administration ne reprochant rien à son cocontractant, est tenue de l'indemniser intégralement, sauf acceptation par ce dernier d'une somme inférieure (4 mai 2011, *CCI Nîmes...*).

▶ **La résiliation pour inexécution non fautive des obligations.** Lorsque le cocontractant ne parvient plus, sans faute de sa part, à assurer ses obligations (dépôt de bilan, cession de contrat, modification substantielle dans la composition du capital social), le lien contractuel se rompt sans indemnité de part et d'autre.

2. Les obligations de l'administration contractante

Outre l'obligation générale de laisser son cocontractant exécuter le contrat paisiblement, l'obligation principale est ***l'obligation financière***: l'administration doit payer le prix des services fournis; elle doit respecter l'équilibre financier initial du contrat, et s'efforcer de le rétablir lorsqu'il est rompu.

→ L'obligation de rémunérer le cocontractant

Cette obligation varie selon la modalité de rémunération. À titre d'exemples:

▶ **La rémunération du concessionnaire.** L'élément fondamental de la rémunération du concessionnaire est la ***durée*** de la concession car il exploite des ouvrages importants souvent construits par lui et nécessitant un long amortissement. La durée de la concession et le tarif des redevances doivent être établis en conséquence. L'exploitation jusqu'au terme de la concession étant une condition de viabilité économique de celle-ci, l'administration ne peut abréger la durée de la concession qu'en procédant à son rachat au prorata des années restant à courir (16 nov. 1956, *S[tés] BAB et BLB*) et compte tenu des investissements réalisés, des pertes d'exploitation ainsi que des gains espérés.

▶ **La rémunération du titulaire d'un marché public.** Dans le cas des marchés de fournitures ou de services, le paiement du prix se fait à la livraison ou à la réalisation, dans des conditions proches des pratiques commerciales car ce ne sont pas, généralement, des opérations de longue durée ou de grande ampleur. Les marchés de travaux publics soulèvent des questions délicates: d'un côté, le principe du ***paiement après service fait*** est une règle fondamentale de la comptabilité publique française, de l'autre côté, les commandes pour de tels marchés portent sur des quantités très importantes et donc sur des sommes considérables. L'entrepreneur, le plus souvent, ne peut pas faire l'avance des frais sur ses fonds propres. Obligé d'emprunter pour acquérir les biens et matériaux nécessaires à la réalisation du marché, il fera, à son tour, peser sur l'administration le surcoût lié au taux d'intérêt pratiqué. Pour éviter ces inconvénients, l'administration est autorisée à effectuer des ***règlements partiels définitifs***, à verser des ***acomptes*** (paiements fractionnés) ou des ***avances*** (paiements anticipés).

→ L'obligation d'indemniser le cocontractant

L'exécution du contrat conclu en vue de satisfaire l'intérêt général doit être poursuivie même si des difficultés financières surgissent. Toutefois, si cet objectif peut conduire l'administration à aider ou à indemniser son cocontractant, celle-ci ne saurait le faire dans tous les cas. Cette obligation connaît deux hypothèses selon que le déséquilibre financier est imputable au cocontractant public ou qu'il est extérieur à son comportement.

▶ **L'obligation d'indemniser résultant d'une situation nouvelle créée par l'autorité administrative contractante ou par le contrat** joue dans deux hypothèses.

1°) **Les théories des travaux supplémentaires ou des sujétions imprévues (uniquement en matière de travaux publics)** aboutissent à mettre à la charge de l'autorité publique cocontractante les travaux supplémentaires découlant de l'exécution du contrat ou de l'apparition de charges imprévues (27 janv. 2011, *S^té^ Matière*). Soit ces travaux non prévus au contrat ont été ***commandés par l'administration*** au moyen d'ordres de service écrits (sauf stipulation contractuelle contraire) : en ce cas, elle assume la totalité du coût supplémentaire. Soit les travaux n'ont pas été commandés par l'administration mais ils ont été ***spontanément effectués*** par le cocontractant parce qu'ils étaient indispensables, en raison des règles de l'art, à la réalisation de l'ouvrage telle qu'elle a été voulue par l'administration : ils donneront lieu à indemnisation intégrale, à la condition expresse qu'ils aient été réellement indispensables et pas seulement utiles (17 oct. 1975, *Commune de Canari*; 30 juill. 2003, *Commune de Lens*; 3 mars 2010, *S^té^ Presspali Spa*).

2°) **La théorie du fait du prince** joue lorsque les charges du cocontractant sont aggravées par une mesure prise par l'administration contractante au titre de prérogatives autres que celles tirées du contrat en cause. À la différence de la précédente, cette théorie joue pour tous les contrats administratifs. Deux conditions doivent être réunies pour que le contractant public soit tenu à une indemnisation intégrale : d'une part, l'aggravation des charges du cocontractant doit impérativement résulter d'une décision prise par ***la même personne publique*** que celle qui a contracté, à défaut la théorie ne joue pas (12 mars 1976, *Département des Hautes-Pyrénées c/ S^té^ ORFILA*) ; d'autre part, la mesure qui a un effet aggravant doit, ou bien ***ne concerner spécialement que le cocontractant*** (9 mars 1928, *Cie des scieries africaines*), ou bien – si elle est plus générale – ***porter atteinte à un élément essentiel du contrat*** (8 nov. 1957, *S^té^ chimique et routière nord-africaine*). C'est un cas de responsabilité sans faute qui, par exception, n'est pas d'ordre public.

▶ **L'obligation d'indemniser résultant de faits extérieurs à l'autorité administrative contractante : la théorie de l'imprévision.** La théorie de l'imprévision – qui est cependant d'application assez rare – est dominée par l'idée qu'il faut assurer la continuité du contrat conclu dans un but d'intérêt général. C'est pourquoi l'exécution du contrat administratif continuera malgré la survenance d'événements imprévisibles, indépendants des parties, rendant particulièrement difficile la poursuite du contrat.

- **La situation d'imprévision.** La théorie a été systématisée à partir de la célèbre décision du 30 mars 1916, *Cie générale d'éclairage de Bordeaux*, dite du « Gaz de Bordeaux ». Elle suppose la réunion de trois conditions: **1)** Les circonstances perturbatrices du contrat doivent excéder les aléas économiques et commerciaux normaux, c'est-à-dire revêtir un ***caractère anormal et imprévisible***; **2)** Ces circonstances doivent être ***étrangères au cocontractant***, qui ne doit, par son comportement antérieur, ni les avoir provoquées ni les avoir aggravées ni s'être mis en situation de les subir; **3)** Ces circonstances doivent entraîner un ***véritable bouleversement du contrat*** et pas seulement des modifications, même substantielles de celui-ci (8 nov. 1944, *Cie du chemin de fer d'Enghien*).
- **La conséquence de l'imprévision** est que l'administration doit verser à son cocontractant une ***indemnité pour les charges extracontractuelles*** liées à l'imprévision. Cette indemnité est calculée ainsi: détermination de la durée de la ***période extracontractuelle*** d'imprévision (pendant laquelle s'exercent les effets de la situation d'imprévision et où sont suspendues certaines des règles du contrat), calcul de la ***charge extracontractuelle***, c'est-à-dire le surcoût financier résultant des événements imprévus (12 mars 1976, *Département des Hautes-Pyrénées*), enfin ***partage de la charge extracontractuelle*** entre les contractants: souvent, la part restant à la charge de la personne privée n'excédera pas dix pour cent. L'administration ne peut échapper à cette théorie en incluant dans ses contrats des ***clauses d'imprévision***: ces clauses n'empêchent pas, selon le juge, l'application de la théorie de l'imprévision.
- **Les limites d'application de la théorie de l'imprévision** ont été clairement exposées dans l'arrêt du 9 décembre 1932, *Cie des tramways de Cherbourg*. Lorsqu'est survenue une situation d'imprévision et qu'a été déclenché le régime ci-dessus exposé, le Conseil d'État estime qu'il ne peut s'agir que d'une situation provisoire. Si celle-ci perdure ou devient définitive, il n'y a plus imprévision mais force majeure, ce qui a pour effet d'éteindre le contrat (14 juin 2000, *Commune de Staffelfelden*).

Par ailleurs, cette théorie ne s'applique que dans les cas où le contrat comporte exercice de missions de service public, gestion d'un service public ou exécution de mesures prises dans un but d'intérêt général (TA Rouen, 28 août 1998, *S^té^ Renault SA*). Le régime de l'imprévision peut jouer même après résiliation du contrat (10 févr. 2010, *S^té^ Prest'Action*).

→ Les limites à l'obligation d'indemniser pesant sur l'administration contractante

Dans un certain nombre d'hypothèses, sauf stipulation expresse contraire du contrat (CAA Paris 24 janv. 2005, *Province des îles Loyauté*), l'administration se voit dispensée, en tout ou en partie, d'aider financièrement son cocontractant en difficulté.

- Il en va tout d'abord ainsi lorsque ce dernier subit négativement les effets d'un **aléa normal inhérent à l'objet ou à la nature du contrat.**
- Semblablement, l'administration n'aidera pas son **cocontractant qui s'est mis en difficulté** soit par une mauvaise appréciation des données de fait ou de droit attachées au contrat, soit par une faute qui a causé ou aggravé la difficulté qu'il invoque.
- Également, ne sera pas non plus aidé financièrement par l'administration, le contractant qui a pris une **initiative non sollicitée** par elle et non impliquée inéluctablement par les exigences liées à l'exécution du contrat, initiative qui se traduit par un surcoût non prévu originairement par les parties.
- Enfin, et c'est la situation la plus connue, la survenance d'un cas de ***force majeure*** a pour effet d'éteindre le lien contractuel. C'est un événement imprévisible, irrésistible, qui, indépendamment de la volonté des parties, rend impossible la poursuite de l'exécution du contrat. L'exception de force majeure est rarement admise par le juge (5 nov. 1982, *S^té^ Propétrol*).

3. La responsabilité contractuelle

L'inexécution ou la mauvaise exécution d'un contrat engage, dans les termes du contrat, la responsabilité de la partie fautive. Cette responsabilité, lorsqu'elle entre en concurrence avec la responsabilité extracontractuelle, l'emporte toujours sur elle ; on dit qu'elle « l'absorbe » (22 déc. 1922, *Lassus* ; CAA Bordeaux 27 juin 2006, *Min. de la Culture*). Elle ne cède qu'en présence d'une loi contraire (CAA Lyon, 24 juin 2003, *S^té^ des autoroutes Paris-Rhin-Rhône et Min. de l'Intérieur*). La question de savoir si la responsabilité contractuelle est véritablement une « responsabilité », très discutée en droit civil, ne soulève pas les mêmes difficultés en droit administratif.

4 chapitre

Le service public

L'administration satisfait les besoins des administrés, au service desquels elle est instituée, en prenant directement (ou en faisant prendre) en charge des activités qui sont, par ce fait même, érigées en services publics (26 oct. 2011, *Assoc. pour la promotion de l'image et a.*, 317827). Ceci est illustré par la théorie générale du service public (I) et en particulier dans le cas du service public de la police administrative (II). On signalera la conception, voisine, propre au droit de l'Union européenne, du « service universel » (CJCE, 18 juin 1991, *ERT* ; 19 mai 1993, *P. Corbeau* ; 27 avr. 1994, *C^ne^ d'Almelo* ; 23 avr. 2009, *TNT Post UK*).

I. La théorie générale du service public

Cette théorie suppose décrits la notion de service public (A), les modes de gestion (B) et le régime juridique de ce service (C).

A– La notion de service public

La notion de service public, très complexe, est à la base de tout le droit administratif.

1. L'évolution de la notion de service public

L'expression « service public » date du XIXe siècle ; elle a évolué au gré des bouleversements subis par l'État.

→ La « Belle Époque » du service public (jusqu'en 1921)

C'est la période ultra classique de l'État libéral. Le « laissez faire, laissez passer » domine. L'action de l'État sur la société est limitée. Il y a très peu de services publics. Mais tout ce que fait l'État est service public, et il n'y a pas de service public en dehors de l'action d'une personne publique.

▶ **Doctrine.** À la doctrine, l'État apparaît comme un ensemble, une fédération de services publics (Duguit). D'où l'identité : ***État = service public = droit administratif applicable = compétence du juge administratif***. Tout ce que fait l'État entre dans la catégorie des services publics, est soumis au régime juridique du droit administratif et à la compétence des juridictions administratives.

D'où cette double conséquence :

1°) le service public ressortit intégralement au régime juridique et contentieux de droit public, il est ***inassimilable à une activité privée***;

2°) le service public est à la fois un ***organe*** et une ***activité matérielle***. Ainsi, la police ***est*** un service public (organe) : ministre, agents; et elle ***gère*** un service public (activité matérielle) : le service public de police.

▶ **Jurisprudence.** Le Tribunal des conflits a adopté dès 1855 (arrêt *Rothschild*) la théorie du service public qu'il systématise dans la décision *Blanco* (8 févr. 1873) : ***le service public, œuvre de la personne publique, satisfait l'intérêt général***; il repose donc sur des rapports de droit inégalitaires. Or le code civil est fondé sur le principe de l'égalité civile. Donc les règles de droit contenues dans ce code ne peuvent pas être appliquées de plein droit au service public. D'abord édifiée en matière de ***responsabilité de l'État***, cette jurisprudence est étendue à la responsabilité des autres personnes publiques (13 déc. 1889, *Cadot*; TC, 29 févr. 1908, *Feutry*), puis aux ***contrats*** passés par le service public (4 mars 1910, *Thérond*), aboutissant à une ***théorie du service public***.

➜ La crise de la notion de service public (depuis 1921)

La crise de la notion et donc de la théorie du service public a été annoncée dès 1903 par Romieu, dans ses célèbres conclusions sur l'arrêt *Terrier* (6 févr. 1903). Il y indique que si le service public est normalement soumis au droit administratif, il faut réserver le cas où, tout en poursuivant l'intérêt général, l'administration le fait par recours aux procédés du droit privé. D'où la formule : « *Quand l'administration agit comme tout le monde, elle doit être soumise au droit de tout le monde.* »

▶ **L'irruption du droit privé dans le régime des services publics.** Tout d'abord, le juge va admettre, dans quelques cas, l'applicabilité du droit privé à une action de service public, notamment en matière de contrats (31 juill. 1912, *Sté des granits porphyroïdes des Vosges*). Ensuite, le Tribunal des conflits (22 janv. 1921, *Sté commerciale de l'Ouest africain*, dit encore « arrêt du *Bac d'Éloka* ») va décider que l'activité administrative doit être soumise au droit privé lorsqu'elle est analogue à celle menée par des personnes privées. Désormais, ce n'est plus un aspect d'une activité administrative qui relèvera du droit privé mais toute une activité, l'activité économique, industrielle ou commerciale, celle qui s'est le plus développée depuis 1921. C'est la naissance des ***services publics à caractère industriel ou commercial*** (SPIC). Le schéma d'origine demeure, pour l'essentiel, car seule une personne publique peut assumer une tâche de service public et l'exception constituée par les SPIC n'est qu'une exception.

▶ **L'irruption des personnes privées dans la gestion des services publics.** Dès 1935, il est admis que des personnes privées peuvent satisfaire l'intérêt général en accomplissant une mission de service public (20 déc. 1935, *Sté des Établissements Vézia*; 13 mai 1938, *Caisse primaire « Aide et Protection »*). Elles doivent alors être soumises au droit administratif. Ainsi, gèrent un service public bien qu'étant des personnes privées, et relèvent à ce titre du droit public au moins pour une partie de leurs activités : les groupements forestiers, les SAFER, les groupements de défense contre les ennemis des cultures, les fédérations départementales de chasseurs (TC, 24 sept. 2001, *Bouchot-Plainchant*), les centres régionaux de lutte contre le cancer, la Société des Comédiens-Français, la Fédération française de football, etc. Le service public paraît se réduire au seul aspect ***matériel***, et le point de vue ***organique*** semble devoir être évacué mais ce n'est là qu'une apparence.

→ L'apparition de services publics à base constitutionnelle

Le Conseil constitutionnel, dans trois importantes décisions (n° 207 DC des 25-26 juin 1986 [privatisations], n° 217 DC du 18 sept. 1986 et n° 232 DC du 7 janv. 1988) a proclamé l'existence de services publics découlant « *de principes ou de règles à valeur constitutionnelle* » (207 DC), ou ayant leur « *fondement dans des dispositions de nature constitutionnelle* » (217 DC) ou exigés « *par la Constitution* » (232 DC). Le législateur est obligé de les créer et/ou de les faire fonctionner. Tels sont : la justice, l'armée, la police – qui fonctionnent sous un régime de monopole –, l'enseignement public ou la santé publique – dépourvus de monopole. Certaines activités sont exclues de cette catégorie : télévision par voie hertzienne (217 DC) ou activités de crédit (207 DC).

2. La conception contemporaine du service public

La conception actuelle du service public est chargée d'ambiguïté en raison de sa contingence, de la fluidité de ses critères, et d'un relatif immobilisme conceptuel par-delà les soubresauts apparents.

→ Une conception contingente

▶ **Une conception subjective.** En effet, aucune définition n'ayant été donnée en droit positif, le service public évolue au gré des modes ou des politiques, traduisant les désirs des autorités (en 1916, le théâtre n'est pas un service public : 7 avr. 1916, *Astruc et Sté du Théâtre des Champs-Élysées c/ Ville de Paris*; il le devient sept ans plus tard : 27 juill. 1923, *Gheuzi ;* v. aussi les hésitations du juge à l'égard des casinos : 12 mai 1922, *ville de Saint Malo* ; 25 mars 1966, *ville de Royan* ; 19 mars 2012, *SA Groupe*

Partouche). Le service public est subjectif car il ne fait que traduire les options des dirigeants du pays. Une activité devient service public si l'administration en a décidé ainsi. C'est le critère de ***l'intention de l'auteur*** qui s'impose (4 mars 1910, *Thérond*, précité; 31 juill. 1942, *Montpeurt*; 20 juill. 1971, *Consorts Bolusset*; 22 nov. 1974, *Fédération des industries françaises d'articles de sport*).

▶ **Un caractère équivoque.** Tantôt le service public est une enveloppe: l'organisation administrative prise en tant qu'***appareil.*** Tantôt le mot désigne le ***contenu***, nonobstant toute considération pour l'enveloppe. Originairement, le service public comprend les deux choses à la fois, puis on a assisté à un éclatement complet, à une dissociation des deux éléments.

➜ Un effort de recherche des critères du service public

Le juge voit dans la présence d'une personne publique une présomption de service public. Si l'activité est assumée par une personne privée, il retient trois indices soigneusement énumérés dans une décision *Narcy* du 28 juin 1963 (confirmée par: 26 févr. 2003, *SPA*) : ***une mission d'intérêt général***; ***une certaine dépendance à l'égard de l'administration*** (existence d'un certain contrôle public sur la personne privée) ; et - mais subsidiairement - ***un régime juridique exorbitant*** (parfois, il s'agira de prérogatives de puissance publique détenues par la personne privée). Ce dernier caractère a pu apparaître comme un trait majeur de la définition, cela n'est pas exact. En effet, comme le relèvent certains auteurs (G. Vedel, et R. Chapus), la prérogative de puissance publique est le critère non pas du service public, mais du droit administratif et du régime contentieux propre à cette discipline. C'est ce que confirme l'importante décision du 22 févr. 2007, *APREI* qui aperçoit un service public, à défaut de telles prérogatives, lorsque le gestionnaire du service satisfait par ailleurs à d'autres critères.

➜ À la recherche d'une vérité sur le service public

L'accord se fait sur un point au moins: le service public est une ***activité*** de satisfaction de ***l'intérêt général.*** Deux éléments interviennent donc: le sens matériel ou fonctionnel du service public; le fait qu'il n'y a pas de service public sans intérêt général satisfait (3 déc. 2010, *Ville de Paris*).

▶ **Sur l'intérêt général.** Définir l'intérêt général est très difficile. L'intérêt général est-il une somme d'intérêts privés? Un intérêt qui s'étend aux dimensions de la collectivité nationale? Un intérêt ***général*** en raison du nombre de destinataires (réels et/ou potentiels), ou un intérêt ***généralement*** considéré comme devant être satisfait? Ainsi, le développement d'une entreprise privée peut participer de l'intérêt général local (28 nov. 2011, *C^ne^ de Chatuzange-le-Goubet*).

Par ailleurs, s'il n'y a pas service public sans intérêt général satisfait, peut-il y avoir, en sens inverse, intérêt général sans service public? Ou bien doit-on décider que tout

intérêt suffisamment général doit devenir un service public? N'est-ce pas, alors, ouvrir la porte au risque de totalitarisme? Il existe des intérêts généraux sans forme de service public (3 déc. 2010, *Ville de Paris*). Ainsi, en présence d'un intérêt général, on peut avoir ou n'avoir pas un service public, en revanche il n'y a pas de service public possible sans un intérêt général satisfait.
Pourquoi se pose-t-on ces questions? Parce que l'on veut savoir quel droit va régir telle activité et quel juge va statuer sur les difficultés qu'elle peut soulever. Lorsque l'on raisonne sur ce point, on ne part pas de rien; on dispose de quelque chose: un acte juridique, une situation de fait, un comportement, un dommage, une activité... Cet élément est le fait d'une personne publique ou d'une personne privée. On se trouve renvoyé à l'examen de la nature du gestionnaire du service.

▶ **Sur le gestionnaire du service.** Si l'activité considérée est le fait ***d'une personne publique***, elle est présumée constituer un service public. La présomption tombe presque toujours juste car très peu d'activités menées au moins en partie par des personnes publiques ne constituent pas des services publics: Renault, Loterie nationale, PMU, Charbonnages de France, etc. En présence ***d'une personne privée***, l'on doit vérifier si elle est placée, ***à raison de cette activité***, dans une situation de dépendance (contrôle, aide, surveillance) par rapport à une personne publique. Si la réponse à cette question est positive, il faudra examiner si l'activité menée par elle satisfait assez l'intérêt général pour être qualifiée de service public. En ce cas, ce n'est pas l'intérêt général qui fonde le régime de droit, mais la nature juridique de la personne qui a le pouvoir de contrôle. Certes, la notion de service public est bien « matérielle », mais elle est fondée, à son tour, sur un élément organique: la ***nature publique*** de la personne, qui, en dernière analyse, commande par sa présence (directe ou indirecte) l'existence et l'application d'un régime de service public (6 avr. 2007, *Cne d'Aix-en-Provence*).
À cet égard existe une controverse. Si des décisions refusent de soumettre au droit administratif des activités de service public en raison de l'absence de prérogatives de puissance publique (4 mars 1983, *Association familiale rurale de Meslay-du-Maine*; 23 mars 1983, *Bureau Véritas*; CAA Paris, 26 sept. 1991, *M. Bernard*; 17 févr. 1992, *S^té Textron*; CAA Paris (plén.), 16 juin 1992, *M. Y.*), d'autres décisions aperçoivent un service public en l'absence de telles prérogatives (20 juill. 1990, *Ville de Melun*). Il faut donc en conclure que cette absence ou cette présence desdites prérogatives n'a pas d'incidence automatique sur l'existence - ou non - d'un service public (22 févr. 2007, *APREI*, préc. ; v. cpdt : 23 déc. 2011, *Synd. nat. des dépositaires de presse*). Si forts que soient l'élément organique et donc le rôle de la puissance publique en droit administratif, il faut se résoudre à cette conséquence, assez peu logique en ce qu'elle dissocie deux éléments qui ne devraient pas l'être. ***On définira donc le service public comme l'activité de satisfaction de l'intérêt général menée par une personne publique ou sous son contrôle***, ce dernier élément, de caractère alternatif, occupe une place importante dans l'esprit du juge (23 mai 2011, *C^ne de Six-Fours*, 342520).

3. Le contenu de la notion de service public

→ Distinctions à opérer au sein de la catégorie des services publics

Le principe est que le service est normalement un service public à gestion publique (cas des autoroutes : TC 20 nov. 2006, *Sté EGTL*) ; par exception, il sera dit à gestion privée. C'est par l'exception qu'il faut commencer cette étude, la règle se définissant comme les cas autres que l'exception. La catégorie des ***services publics à gestion privée*** comprend – ou a paru comprendre – trois grandes espèces : le ***service public à caractère industriel ou commercial***, le ***service public social*** et les ***ordres professionnels***.

▶ **La détermination de l'existence des services publics à caractère industriel ou commercial (SPIC).** En dehors de l'hypothèse où existe une ***qualification légale ou réglementaire***, la jurisprudence retient principalement quatre éléments pour déterminer la présence d'un SPIC :

1°) ***l'objet du service*** (le SPIC a un objet économique : la production et la vente de biens et/ou de services) ;

2°) ***les ressources du service*** (le SPIC est normalement alimenté, au moins en partie, par des sommes prélevées sur les usagers ou bénéficiaires du service sous forme de *taxes* ou de *redevances*) ;

3°) ***les modalités d'organisation du service*** (critère dit « de la similitude d'organisation et de fonctionnement par rapport aux entreprises privées » : 16 nov. 1956, *Union syndicale des industries aéronautiques*) ;

4°) Enfin, ***le service a toujours un caractère payant*** ; à défaut, il ne peut pas être un SPIC (TC, 21 mars 2005, *Alberti-Scott*).

▶ **Le prétendu service public social (SPS).** Cette variété de service public apparaît dans une décision du Tribunal des conflits, *Naliato* (22 janv. 1955) : une colonie de vacances organisée par l'État y est considérée comme satisfaisant un intérêt ***social***. Cette tentative, réitérée en 1958 (TC, 13 janv. 1958, *Delle Berry*), a été rejetée par les juridictions judiciaires (Cass. civ., 30 oct. 1957, *Dame veuve Radux* et *Maire d'Asnières*, deux espèces) et par le Conseil d'État (21 mars 1958, *Salin* ; 17 avr. 1964, *Commune d'Arcueil* ; 27 janv. 1971, *Caisse des écoles de la Courneuve* ; 16 févr. 1973, *Commune de La Celle-Saint-Cloud*). Le Tribunal des conflits s'est résolu à enterrer la jurisprudence *Naliato* (TC, 4 juill. 1983, *Gambini c/ Ville de Puteaux*). Ce que l'on a pu appeler le SPS n'est, normalement, qu'un service public administratif, sauf s'il ne fait naître avec ses usagers que des rapports de droit privé (cf. 5 févr. 1954, *Association El Hamidia*). L'institution de *services sociaux d'intérêt général* par le droit et la jurisprudence communautaires ne paraît pas devoir affecter ces solutions.

▶ **Le cas des ordres professionnels.** Parfois, la puissance publique, considérant qu'une profession ou l'organisation de celle-ci remplit une mission d'intérêt général, confie à ses membres la défense et l'organisation de cette activité. Il en est ainsi des officiers ministériels. Le régime de Vichy et les gouvernements

républicains qui l'ont suivi ont étendu le système corporatif aux professions libérales: médecins, chirurgiens-dentistes, sages-femmes, pharmaciens, experts-comptables, géomètres experts, vétérinaires, architectes, etc. Les ordres professionnels exercent deux types d'activités: d'une part, ils agissent sous ***l'empire du droit privé***, notamment lorsqu'ils gèrent leur patrimoine ou des œuvres sociales; d'autre part, et surtout, ils sont placés dans une ***condition de droit public*** lorsqu'ils assurent la déontologie de leur profession. Leurs actes unilatéraux sont alors des actes administratifs (14 févr. 1969, *Association nationale des syndicats de médecins*; 29 juill. 1950, *Comité de défense des libertés professionnelles des experts-comptables*; 12 déc. 1953, *de Bayo*; 23 déc. 2010, *Cons. nat. ordre médecins*). Lorsqu'ils statuent en matière disciplinaire, ils sont considérés comme des juridictions administratives (*de Bayo*, précité).
Le juge administratif a appliqué dans la décision *Bouguen* (2 avr. 1943) pour l'ordre des médecins, les principes dégagés pour les comités d'organisation dans la décision *Montpeurt* (31 juill. 1942) : les uns et les autres sont chargés d'une mission de service public, mais ils ***n'ont pas la qualité d'établissements publics***. Le Conseil d'État l'a confirmé par la suite, implicitement (13 janv. 1961, *Magnier*), puis explicitement (7 déc. 1984, *Centre d'études marines avancées et M. Cousteau*) : ce sont des personnes privées.

→ Le régime juridique des différents services publics

On distingue de ce point de vue les ***services publics à gestion publique*** (ou ***services publics administratifs***) et les ***services publics à gestion privée***. Les premiers constituent la règle, étant la modalité normale de gestion des services publics (avis du 20 oct. 2000, *Mme T.* ; CAA Nantes, 29 juill. 2005, *Rivoal*).

▸ Le régime juridique des services publics à gestion publique.

- Le service public à gestion publique **par une personne publique** connaît un régime intégral de droit public: soumission très générale au droit public et à la compétence du juge administratif.
- Le service public à gestion publique **par une personne privée** connaît une soumission au droit et au juge administratifs moins étendue que le précédent. Ses ***actes unilatéraux*** ne seront des actes administratifs que si: **1)** la personne privée a été habilitée par le texte institutif à édicter de tels actes (TC, 15 janv. 1968, *Cie Air France c/ Époux Barbier*); **2)** ces actes concernent l'organisation d'ensemble du service; **3)** l'organisme est doté de prérogatives de puissance publique (13 janv. 1961, *Magnier*; 6 oct. 1961, *Fédération nationale des huileries métropolitaines moyennes et artisanales*). Ses ***contrats*** ne peuvent pas – normalement – être administratifs sauf présence d'un co-contractant public et satisfaction de l'un des critères matériels du contrat administratif. Son ***personnel*** et ses ***biens*** sont soumis au droit privé. S'il s'agit d'un SPA, ses agents sont toujours des agents publics (TC, 25 mars 1996, *Berkani*), sauf loi contraire. Leurs ***travaux*** sont des travaux publics seulement s'ils sont exécutés dans le cadre de

la mission de service public. Leur ***responsabilité***, lorsqu'elle est mise en jeu dans le cadre de la mission de service public, sera régie par le droit public.

▶ **Le régime juridique des services publics à gestion privée.** Ces services, authentiques services publics, relèvent, pour l'essentiel, du droit privé. **1°)** ***Les services publics à caractère industriel ou commercial*** connaissent un régime juridique et contentieux d'une assez grande complexité; le principe étant celui de la soumission au droit privé avec, par exception, apparition d'îlots de droit public (certains ***actes unilatéraux***, certains ***contrats***). Toutefois, ***les contrats passés par un SPIC avec ses usagers sont toujours des contrats de droit privé*** alors même qu'ils rempliraient, par ailleurs, toutes les conditions requises pour être des contrats administratifs (Bordeaux 27 déc. 2006, *SAS Soviago*). Le ***personnel*** est soumis au droit privé (9 avr. 2010, *Synd. Sud RATP*), sauf deux exceptions (27 mars 2000, *Brodbeck*; TC 15 janv. 2007, *Lacroix*), concernant le directeur général de l'organisme (26 janv. 1923, *de Robert Lafrégeyre*; 8 mars 1957, *Jalenques de Labeau*) et le comptable en chef, s'il a la qualité de comptable public. La ***responsabilité extracontractuelle*** du SPIC relève le plus souvent du droit privé, sauf si elle concerne un dommage de travaux publics causé à un tiers (TC, 1er juill. 2002, *Labrosse c/ GDF*). Les ***usagers*** d'un SPIC sont toujours dans un rapport de pur droit privé avec celui-ci (20 janv. 1988, *SCI La Colline*). La ***comptabilité*** des SPIC est tenue et régie conformément au droit commercial. **2°)** Le service public chargé de la ***gestion du domaine privé*** relève du droit privé et du juge judiciaire. Le droit public n'intervient que de façon très exceptionnelle (18 mai 2005, *ONF*) : dommage de travail public sur une dépendance du domaine privé, ou contrat relatif à ce domaine quand il comporte une clause exorbitante.

B– Les modes de gestion des services publics

1. Les modes de gestion des services publics par une personne publique

On retiendra deux de ces modes, très classiques: la ***régie*** et l'***établissement public***, et un plus récent, les ***personnes publiques*** **« sui generis »**.

→ La régie

Marcel Waline définit ainsi la régie: « *Un service public est exploité en régie directe lorsqu'une personne publique se charge de le gérer elle-même, à ses risques et périls, en engageant les fonds nécessaires (capital de premier établissement et fonds de roulement) et en recrutant, dirigeant et salariant le personnel nécessaire, en achetant toutes choses nécessaires au fonctionnement, en entrant directement en relations avec les usagers du service, le cas échéant en supportant, elle-même et seule, la responsabilité des préjudices causés aux tiers par le fonctionnement du service* » (*Droit administratif*, 1963).

▶ **Les régies d'État.** Elles constituent le mode normal de gestion des services publics, c'est-à-dire ***sans personnalisation juridique*** du service public : l'administration des Impôts, celle de la Police, ou de l'Armée est gérée en régie. Les ministères sont, chacun, une régie. Les régies industrielles ou commerciales d'État, aujourd'hui presque toutes disparues sous cette forme (autrefois, Imprimerie nationale, Ateliers de l'Armée, Manufactures, Monnaies et Médailles, etc.) n'ont pas de personnalité juridique, ne sont pas soumises aux impôts, n'ont pas de budget propre (budget annexe ou compte spécial du Trésor), ni de capacité juridique, et leur personnel est composé d'agents publics ou d'« ouvriers de l'État ».

▶ **Les régies locales.** Toute collectivité territoriale peut se doter de régies (loi du 12 juillet 1999, art. 62) selon une double distinction (décret n° 2001-184 du 23 février 2001) :

- La première oppose les ***régies sans personnalité juridique*** et les ***régies jouissant de la personnalité juridique*** (ce qui rapproche ces dernières des établissements publics).
- La seconde oppose les ***régies administratives*** aux ***régies industrielles et commerciales*** : les premières sont obligatoires (service extérieur des pompes funèbres, état civil, aide sociale, protection maternelle et infantile, etc.) ou facultatives (lutte contre l'incendie, bourses d'études) ; les secondes, toujours facultatives, peuvent concerner l'agriculture, l'alimentation, les restaurants économiques, les glaces alimentaires, la boucherie, etc.

➜ L'établissement public

▶ **La notion d'établissement public.** Elle est difficile à cerner.

- **La définition de l'établissement public** fait de celui-ci une ***personne morale de droit public décentralisée et spécialisée***.

1°) C'est une ***personne de droit public*** car il a une personnalité juridique (il peut ester en justice, posséder, échanger, aliéner des biens, embaucher du personnel, disposer d'un budget et de fonds propres) et il appartient à des degrés divers à l'univers du droit public (charges spéciales inhérentes à la personnalité publique : interdiction, fréquente, de compromettre, qualité de comptable public du comptable, etc. ; possession de prérogatives de puissance publique : privilège du préalable, recours à l'état exécutoire, possibilité de conclure des contrats administratifs, régime dérogatoire des voies d'exécution, faculté de recourir à la procédure d'expropriation).

2°) C'est une ***personne décentralisée*** car il est doté d'une certaine autonomie et soumis à la tutelle d'une collectivité territoriale (État, département, commune…).

3°) C'est une ***personne spécialisée*** car l'établissement public réalise la personnalisation d'un service public et ne peut donc faire que ce pour quoi il a été créé. Il ne peut « sortir » de sa spécialité, sauf à titre accessoire ou complémentaire (13 déc. 1939, *Seguinaud*). C'est là la différence essentielle avec une collectivité territoriale.

- **Le critère de l'établissement public.** Dans un premier cas, existe une ***qualification légale*** de l'établissement, soit ***positive*** (cas des universités: lois de 1968, de 1984 et du 10 août 2007), soit ***négative*** (ordonnance du 2 novembre 1945 conférant aux chambres professionnelles des huissiers, notaires, commissaires-priseurs, la nature d'« établissements d'utilité publique », ce qui en fait des personnes de droit privé): en ces hypothèses, il n'y a pas de difficulté. Dans un second cas, de loin le plus fréquent, il n'existe pas de qualification légale. La jurisprudence s'attache à déterminer ***l'intention réelle du créateur de l'organisme***, se fondant sur un « faisceau d'indices » lorsque cette intention n'est pas clairement décelable, ce qui est un cas fréquent (initiative de la création, existence de prérogatives de puissance publique, règles de financement, statut du personnel, conditions de nomination des dirigeants, existence d'un contrôle financier supérieur, tutelle d'autorités publiques, mission de service public).
- **Délimitation de la notion d'établissement public.** La notion d'établissement public doit être doublement délimitée. D'abord, elle doit être distinguée de notions voisines: l'***établissement d'utilité publique*** (personne privée), le ***service public*** (qui peut ou non être un établissement public), et l'***entreprise publique*** (EDF ou GDF, loi du 9 août 2004). Ensuite, à l'intérieur de cette notion et en l'absence de qualificaion légale expresse sur ce point, il semblerait nécessaire de distinguer entre l'établissement public administratif (EPA) [cas de l'Institut de France: 12 déc. 2003, *USPAC-CGT*; ou, 10 janv. 2005, *Caisse de crédit municipal de Paris*] et l'établissement public à caractère industriel ou commercial (EPIC). La distinction est difficile (cf. concl. J. Rigaud sur 29 janv. 1965, *L'Herbier*) et l'on peut même se demander, en outre, si elle est utile. En effet, ce qui différencie les régimes applicables, ce n'est pas le caractère administratif ou industriel ou commercial de l'établissement public mais la ***nature*** (administrative ou industrielle ou commerciale) ***du service public*** éventuellement géré par l'établissement public. Comme il n'y a pas coïncidence entre la nature du service public et celle de l'établissement public (un EPA peut gérer un SPIC et un EPIC un SPA...), le régime juridique applicable, qui est l'élément de différenciation le plus net entre l'EPA et l'EPIC, dépendra de l'examen de la nature du service public géré par l'établissement public. La considération de la seule nature de l'établissement ne suffit généralement pas. De plus, compte tenu de l'évolution des exigences du droit communautaire, l'avenir de l'EPIC est incertain (TUE 20 sept. 2012, *France c/ Commission*).

▶ **Le régime juridique de l'établissement public.** Certaines règles sont communes aux diverses catégories d'établissements publics, d'autres sont propres à chacune d'elles du moins quand la nature du service public et celle de l'établissement public coïncident.

- **Les règles générales communes aux diverses catégories d'établissements publics** concernent la ***création***: une loi est nécessaire pour créer une *nouvelle catégorie d'établissements publics* (il en est ainsi lorsque, à la fois, l'activité du nouvel établissement ne « s'exerce pas territorialement sous la même tutelle administrative » que celle d'un établissement existant et lorsque celui-ci n'a pas une « spécialité analogue » à celle d'établissements existants: CC, 18 juill. 1961, 30 mai 1979 et 25 juill. 1979); la ***suppression*** (application du principe du parallélisme des formes à défaut de texte exprès); et l'***organisation*** (existence, par-delà la diversité des situations observées, d'un organe délibérant composé de façon variable, et d'un organe exécutif le plus souvent nommé et rarement collégial).

- **Les règles spécifiques à chacune des deux formes d'établissements publics** lorsque leur nature coïncide avec celle du service public géré par elles, sont les suivantes. Dans les EPA, les ***actes unilatéraux*** (29 juill. 1933, *Woinant*; 20 mai 1952, *Groupement des retraités de la Caisse de crédit municipal de Paris*) et les ***contrats*** sont de nature administrative aux conditions habituelles. Dans les EPIC, les actes unilatéraux et les contrats sont normalement privés, sauf rares exceptions. Le ***personnel*** relève du droit public dans un EPA, du droit privé (sauf deux personnes) dans un EPIC. L'EPA échappe à l'impôt et relève de la ***comptabilité publique***, l'EPIC est soumis aux impôts frappant le commerce et l'industrie, et aux règles de la comptabilité privée. Le régime des ***biens*** et celui de la ***responsabilité*** relèvent du droit public dans l'EPA, du droit privé dans l'EPIC.

→ Les personnes publiques « *sui generis* »

Tels sont les ***groupements d'intérêt public*** (TC, 14 févr. 2000, *HISML* ; loi du 17 mai 2011 et décr. du 26 janv. 2012) ou la ***Banque de France*** (22 mars 2000, *Synd. nat. auton. du personnel de la Banque de France* ; 22 juin 2012, *Guy X.*, 332172), qui ne sont pas tout à fait des établissements publics, même s'il existe entre eux et ces derniers de fortes ressemblances juridiques.

2. La gestion des services publics par une personne privée

La personne privée est, en ce cas, sous le contrôle d'une personne publique.

→ La gestion déléguée du service public, l'exemple de la concession de service public (voir chapitre 3, pp. 75-76)

▶ La concession de service public est un contrat administratif par lequel une personne publique délègue la gestion d'un service public à une personne, normalement privée. Idéalement, elle comprend **cinq éléments**: **1°) un service public, 2°) un contrôle de l'autorité concédante, 3°) une gestion aux risques et périls du concessionnaire, 4°) une rémunération, au moins partielle, sur les usagers** et donc aléatoire, **5°) le bénéfice de prérogatives de puissance publique.**

▶ La concession de service public a une **double nature**: à la fois ***contrat*** administratif et ***mode de gestion*** qui se différencie des autres modes de gestion des services publics (l'établissement public ou la régie).

➜ La société d'économie mixte

La société d'économie mixte est une personne morale de droit privé, souvent – mais pas toujours – chargée d'un service public, associant capitaux publics et capitaux privés dans des proportions variables.

▶ **Structures.** La société d'économie mixte ressemble, en la forme, à une société anonyme, mais de nombreux traits l'en différencient :

- une ***assemblée générale*** d'actionnaires fantoche (qui ne dispose pas de la plupart des pouvoirs ordinaires d'une assemblée d'actionnaires ; possibilité pour l'État d'être représenté par un non-actionnaire) ;
- un ***conseil d'administration*** dont certains membres sont nommés et ne proviennent donc pas de l'assemblée des actionnaires. Par ailleurs, et pour de multiples raisons, le conseil d'administration n'exerce généralement pas les prérogatives que lui accordent les textes statutaires (désignation, par l'actionnaire public, d'un commissaire du gouvernement, avec droit de veto).
- Enfin existe un ***organe directeur*** sous la dépendance des pouvoirs publics.

Le caractère très largement fantomatique des organes de la société d'économie mixte ne doit pas surprendre : la société commerciale « classique » connaît elle aussi, fréquemment, des pactes d'actionnaires, des actions sans droit de vote, etc. Simplement, la société d'économie mixte cumule, dans un esprit systématique, l'ensemble des mécanismes tendant à fausser le schéma « normal » de la société commerciale.

▶ **Capitaux.** La structuration du capital est l'élément le plus original. Une telle société associe capitaux publics et capitaux privés dans des proportions variables, mais selon la jurisprudence (24 nov. 1978, *Syndicat national du personnel de l'énergie atomique CFDT* et *Sieur Schwartz*, deux espèces), la participation publique au capital doit être majoritaire, donc supérieure à 50 %, les sièges accordés à la partie publique devant représenter plus de la moitié du nombre total et étant fréquemment plus nombreux que la part du capital public dans le capital de la SEM ; cette participation peut être financière (portefeuille d'actions nominatives et inaliénables, ou d'obligations), ou en nature (dotation immobilière, brevet, force hydraulique d'un fleuve).

➜ La dévolution unilatérale du service public à une personne privée

En ce cas, la gestion d'un service public est attribuée par voie d'acte unilatéral à une personne privée consentante. Souvent, cette dévolution sera faite à une association de la loi du 1er juillet 1901, vraie association ou pseudo-association (créée artificiellement pour servir de support à la dévolution). Quelquefois, la dévolution sera faite au profit d'une société d'économie mixte « fictive » (voir ci-dessus). Deux traits sont exorbitants :

1°) un ***contrôle*** plus ou moins étendu de la part de la personne publique attributive unilatérale du service public;
2°) les actes unilatéraux pris dans le cadre de la mission de service public et en vertu de prérogatives de puissance publique sont des ***actes administratifs*** (13 janv. 1961, *Magnier*; 4 avr. 1962, *Chevassier*).

La création, par la loi du 28 mai 2010, de la formule de la *société publique locale* est de nature à clarifier et à assainir ce mode de dévolution du service public.

C– Les règles générales applicables aux services publics

1. Création et suppression des services publics

Si la création d'un service public peut être formelle ou spontanée, sa suppression ne peut être qu'expresse.

→ Création des services publics

Cette création peut être soit délibérée, soit, parfois, spontanée.

▶ **Création formelle des services publics.** Avant 1958, il fallait toujours une loi pour créer un service public (13 mars 1993, *Chambre syndicale des armes et munitions*). Depuis 1958, ***une loi*** est nécessaire pour rendre obligatoire pour les collectivités locales la création d'un service public, pour créer un service public par voie de nationalisation, ou pour créer un service public susceptible de porter atteinte à une liberté publique, qui n'a pas cependant un statut constitutionnel. Dans tous les autres cas, ***le pouvoir réglementaire*** est compétent pour créer un service public. L'autorité compétente en droit interne (loi ou règlement) est soumise au respect du droit communautaire.

▶ **Création « spontanée ».** Souvent une activité existe ou se crée sans que l'on ait voulu en faire un service public ou que l'on ait eu conscience d'en créer un : à un moment donné (apparition d'un dommage, révision d'un contrat ou naissance d'un contentieux), elle se voit qualifiée de service public, ce qui entraîne un ensemble de conséquences (contrôle « tutélaire », reconnaissance de prérogatives, etc.).

→ Suppression des services publics

Elle est organisée par le texte créant le service; à défaut, s'applique le principe du parallélisme des formes et/ou des compétences. Seule une loi peut supprimer un service public créé par la loi ou le dénationaliser (27 sept 2006, *Bayrou et autres*). Hors ces cas, la compétence appartient au pouvoir réglementaire.

2. Les usagers ou « clients » du service public

▶ **La notion d'usager.** Cette notion recouvre un aspect positif et un aspect négatif.

- **Positivement**, l'usager est celui à qui le service s'adresse directement. Cet « usage » peut être direct ou indirect (le passager de la SNCF est usager direct des wagons et autres services, il est usager indirect des rails, ballasts, signalisation). L'usager est le plus souvent volontaire, mais parfois la condition d'usager est obligatoire (scolarisation, incarcération, vaccination).
- **Négativement**, l'usager se distingue d'autres situations: le ***bénéficiaire***, n'est pas un usager mais tire un certain profit (même immatériel) de l'existence du service; le ***fournisseur***, n'utilise pas le service public mais donne à celui-ci des moyens de fonctionner; l'***assujetti***, est forcé à faire quelque chose au profit d'un service public mais ne reçoit pas, en contrepartie, une prestation de la part de ce service; le ***collaborateur*** aide le service à accomplir ses tâches, mais il ne bénéficie pas de ses prestations.

▶ **La nature juridique de la condition d'usager.** La condition juridique de l'usager n'est pas la même selon que l'on se trouve en présence d'un SPA ou d'un SPIC.

- Dans le cas d'un **SPA**, l'usager est dans une ***situation légale et réglementaire*** de droit public, donc dans une ***situation statutaire*** (soumission au droit et au juge administratifs). Il est impossible de déroger, par un accord passé entre l'usager et le service, aux dispositions de ce « statut » (malade hébergé dans un hôpital public: TC, 12 janv. 1987, *Mme Launay*; 27 janv. 2014, *Dame X.*, 359582). Par exception, l'usager d'un SPA peut parfois être dans une condition contractuelle (de droit public, pour l'abonné au téléphone [autrefois] : TC, 24 juin 1968, *Ursot*; Cass. civ., 1re ch., 24 févr. 1981; ou de droit privé, pour le locataire d'une HLM: CA Aix, 21 avr. 1983).
- Dans le cas d'un **SPIC**, l'usager est toujours dans une ***situation contractuelle de droit privé*** (« bloc de compétence »), même lorsque le contrat contient des clauses exorbitantes (3 oct. 1961, *Établissements Campanon-Rey*; TC, 17 déc. 1962, *Dame Bertrand*). La responsabilité, même contractuelle, d'un SPIC envers ses usagers relève toujours du juge judiciaire (TC, 17 janv. 1972, *Dame de Ganay et Sieur Ballestra c/ Ville de Toulon*), quelles que soient la nature juridique (publique ou privée) de la personne qui gère le service et la modalité juridique selon laquelle le service est assuré (régie, concession, etc.) : TC, 4 févr. 1974, *Di Vita c/ Mayet*. Il n'y a d'exception qu'au cas de recours de l'usager contre l'acte d'organisation même du service public (22 juill. 2009, *Cie des bateaux mouches*).

▶ **Contenu de la condition d'usager d'un service public.** Cette condition se caractérise par l'apparition, au profit ou à la charge de l'usager du service, de droits et d'obligations.

- L'usager a **l'obligation** de se soumettre aux règles d'utilisation du service, de se plier aux ordres des responsables du service et de respecter les tarifs fixés.

– En ce qui concerne ses **droits** :

1°) ***Lorsque le service public n'existe pas***, l'usager, qui est alors un usager virtuel, n'a aucun droit à la création d'un service public (15 nov. 1907, *Poirier*), sauf si son existence est prévue par une loi ou par la Constitution.

2°) ***Lorsque le principe de la création d'un service public a été arrêté***, l'usager potentiel peut rechercher la responsabilité de l'administration pour négligence ou retard excessif apporté à concrétiser cette création (10 mars 1967, *Sté « Les ardoisières d'Angers »*).

3°) ***Lorsque le service existe effectivement***, l'usager a droit à bénéficier des prestations de celui-ci, sauf si l'administration dispose d'un pouvoir discrétionnaire pour accorder le bénéfice de la prestation.

4°) ***Lorsque le service disparaît***, l'usager ne peut exiger qu'il soit maintenu par l'administration (concl. J. Kahn sur 27 janv. 1961, *Vannier*). Si la cessation du service est illégale, il peut obtenir, non pas le rétablissement du service, mais la réparation du préjudice causé (29 déc. 1911, *Chomel*).

3. Les « lois du service public »

Égalité, ***continuité*** et ***mutabilité*** sont les trois « lois » – dites parfois « lois de Rolland », car dégagées par lui en 1926 –, qui s'appliquent ***intégralement à tous les services publics*** (5 mai 1944, *Cie maritime de l'Afrique orientale*), même ceux gérés par une personne privée. Ces trois principes ou « lois », constituent le « *minimum minimorum* » du statut du service public (CC, n° 2004-501 DC, 5 août 2004).

→ Le principe d'égalité du service public

C'est un principe général du droit administratif (16 févr. 2007, *Bidaut*) existant même sans texte, il est également un principe de nature constitutionnelle.

▶ **Droit égal d'accès au service.** Tout candidat aux prestations d'un service public doit être traité identiquement aux autres candidats dès lors qu'il se trouve placé dans la même situation au regard du service (accès au service, à ses prestations, aux emplois publics).

▶ **Non-discrimination entre les usagers du service.** Les usagers du service ont droit à un égal traitement (18 janv. 2013, *SOS racisme*) même lorsqu'ils sont dans une condition contractuelle de droit privé. Ce principe se traduit par la neutralité du service (cf. principe de laïcité). Cette non-discrimination concerne aussi l'organisation du service et son fonctionnement. Elle n'interdit pas les discriminations fondées sur l'appartenance à des catégories différentes objectivement justifiées, mais l'institution de ces discriminations n'est jamais une obligation pour l'administration (28 mars 1997, *Sté Baxter et autres* ; 20 avr. 2005, *Union des familles en Europe*) ni un droit pour les administrés (18 janv. 2013, *SOS racisme*, préc.).

▶ **Participation égale aux charges du service.** Les utilisateurs du service public doivent participer aux charges entraînées par son existence et son fonctionnement, souvent, mais pas toujours, à proportion de l'utilisation qu'ils en font (25 juin 1948, *Sté du journal « L'Aurore »* ; 10 déc. 1962, *Sté indochinoise de constructions électriques et mécaniques*). Le juge admet les discriminations tarifaires entre usagers d'un même service public lorsque cela est autorisé par une loi ou s'il existe entre eux des différences appréciables ou encore si ces discriminations sont commandées par un motif d'intérêt général ayant un rapport direct avec l'objet du service ou ses conditions d'exploitation (10 mai 1974, *Denoyez et Chorques*; 5 oct. 1984, *COREP de l'Ariège* ; 29 déc. 1997, *Commune de Gennevilliers* et *Commune de Nanterre*, deux arrêts; 13 mars 2002, *Koua Poirrez* ; 22 oct. 2010, *SNES*).

→ Le principe de continuité des services publics

Ce principe transpose au cas des services publics, la règle constitutionnelle de continuité de l'État (CC, n° 105 DC du 25 juill. 1979), également reconnue en droit international public; il a un caractère fondamental (concl. Tardieu sur 7 août 1909, *Winkell*; 13 juin 1980, *Bonjean* ; 22 févr. 2012, *SNESUP-FSU*). Il s'impose même au législateur (CC, n° 2004-501 DC, 5 août 2004). Cette obligation de continuité concerne:

- les ***responsables du service*** (obligation d'édicter les textes assurant cette continuité ou empêchant une interruption: 7 mai 1971, *Min. de l'Économie et des Finances* ; surtout : 12 avr. 2013, *Féd. FO énergie et mines*; obligation d'assurer le fonctionnement matériellement continu du service, c'est-à-dire à la fois correct [20 avr. 1934, *Le Meut*], exact [13 févr. 1942, *Ville de Sarlat*; 15 juin 1955, *Courtial*] et ininterrompu [24 juill. 1936, *Syndicat des grands vins de la Côte-d'Or*]) ;
- les ***agents du service***, d'où une réglementation du droit de grève (7 juil. 1950, *Dehaene* : pouvoir de réquisition des grévistes (9 déc. 2003, *Aguillon et autres*) : tantôt la grève est interdite (gardiens de prison, magistrats, militaires), tantôt elle est réglementée (loi du 31 juillet 1963) ;
- les ***collaborateurs contractuels du service public***, qui doivent faire fonctionner le service quelles que soient les difficultés rencontrées (par ex. des médecins réquisitionnés : 23 janv. 2013, *X.*, 344706);
- les ***contrats arrivés à leur terme***, qui peuvent être prolongés sans mise en concurrence (8 juin 2005, *Tommaselli et autres*) pour éviter une rupture de la continuité.

→ Principe de mutabilité (ou d'adaptation constante)

Le service public doit s'adapter constamment aux variations de l'intérêt général.

- Les ***responsables du service*** doivent tenir compte de l'évolution matérielle et juridique, et adapter le service aux circonstances de fait et/ou de droit susceptibles de modifier la consistance de l'intérêt général et donc ses conditions de satisfaction.

- Cette mutabilité s'impose *ipso facto* aux ***usagers*** et aux ***collaborateurs*** du service, ceux-ci n'ayant pas de droit acquis à ce que le service fonctionne en permanence aux conditions initiales (27 janv. 1961, *Vannier*).
- Ce principe s'impose aussi aux ***agents du service***, qui doivent se plier au caractère statutaire et donc unilatéral de leur situation et n'ont aucun droit acquis au maintien de leur statut.

II. Le service public de la police administrative

Après avoir donné la définition de la police administrative (A), il conviendra de décrire cette dernière (B).

A– Définition de la police administrative

La police administrative se distingue d'un certain nombre de notions voisines.

1. La délimitation de la notion de police administrative

Cette notion ne se confond ni avec celle de service public *stricto sensu*, ni avec celle de pouvoir réglementaire, même si elle entretient des liens étroits avec chacune d'elles.

→ Police administrative et service public

En théorie, il semble n'exister aucun point commun entre la police et le service public. Tout paraît les opposer :

- leur ***nature*** (le service public est une entreprise administrative, la police est un certain mode d'intervention administrative ayant pour objet ou pour effet de limiter les libertés des citoyens dans le but de protéger l'ordre public) ;
- leurs ***procédés*** : la police prescrit, le service public fournit une prestation ;
- leurs ***effets*** : dans le service public, l'activité devient plus ou moins administrative, dans la police, elle demeure privée.

Cependant, il n'en demeure pas moins que : **1°**) La police ***est elle-même un service public***. **2°**) La police et le service public ne sont que des ***degrés différents d'intervention*** de la puissance publique.

→ Police administrative et pouvoir réglementaire

La confusion fréquemment faite entre police administrative et pouvoir réglementaire provient de ce que les autorités qui disposent du pouvoir réglementaire sont aussi celles qui détiennent le pouvoir de police, et de ce que le pouvoir de police s'exprime le plus souvent par des règlements. Cela étant, il importe de bien distinguer entre les notions de police et de pouvoir réglementaire :

- D'une part, elles n'ont ***pas le même contenu***: les mesures de police sont souvent des règlements, mais il existe aussi des mesures individuelles de police, et à l'inverse, tout règlement ne constitue pas pour autant une mesure de police.
- D'autre part, elles correspondent à des ***finalités différentes***. La police est l'une des *missions* de l'État, alors que le règlement est l'un des *moyens* que l'autorité administrative utilise pour poursuivre la mission qui lui est assignée.

2. Le contenu de la notion de police administrative

La police administrative se définit par un ***double critère*** – celui du ***but*** et celui de la ***nature*** de l'opération – et se subdivise entre la ***police générale*** et la ***police spéciale***.

➜ Les critères de la police administrative

Ils se ramènent à deux : le but ou la nature de l'opération.

▶ **La définition de la police administrative par le but de l'opération.** La police a pour but exclusif la ***sauvegarde de l'ordre public***. Cet aspect permet de différencier la mesure de police de la sanction (17 janv. 2011, *Bertrand X.* ; 6 févr. 2013, *X.*, 363532). L'ordre public est une notion très variable selon les pays et, dans un même pays, suivant l'état des croyances sociales. Son contenu est fixé dans l'article L.2212-2 du code général des collectivités territoriales (CGCT) : « *assurer le bon ordre, la tranquillité, la sécurité et la salubrité publiques* ». C'est là une définition extensive de l'ordre public car l'expression de « bon ordre » est vague et ne se limite pas à l'ordre dans la rue. Elle s'étend à toutes les expressions de la pensée : police des manifestations extérieures du culte (cortèges, processions, convois funèbres, etc. : 19 févr. 1909, *Abbé Olivier*), police des réunions publiques (19 mai 1933, *Benjamin* : interdiction, par le maire de Nevers, d'une conférence sur Jeanne d'Arc). Longtemps, le « bon ordre » n'a pas englobé la protection de la moralité publique, la menace de « troubles sérieux » pouvant justifier une interdiction, mais non l'immoralité elle-même (concl. Mayras sur 18 déc. 1959, *S*[té] *« Les films Lutétia »*). Puis le Conseil d'État a admis que l'immoralité (d'un film, en l'espèce) pouvait fonder directement une interdiction (19 avr. 1963, *Ville de Salon-de-Provence*) ou une restriction aux mineurs de dix-huit ans (30 juin 2000, *Association Promouvoir*).

▶ **La définition de la police administrative par la nature de l'activité de police : police administrative et police judiciaire** (sur cette distinction : CC, n° 2005-532 DC, 19 janv. 2006, *loi relative à la lutte contre le terrorisme*). La distinction entre les deux polices est très importante car chacune d'elles relève d'un juge et d'un régime juridique différents. L'action de la police administrative est de nature ***préventive*** (maintien de l'ordre public), celle de la police judiciaire, de nature ***répressive***, ayant pour but la recherche et l'arrestation des délinquants pour les remettre à la justice (art. 14 du code de procédure pénale; TC, 26 sept. 2005, *Chauvel*).

- **Sont des opérations de police judiciaire**: une arrestation opérée au cours de la poursuite d'individus surpris en flagrant délit de vol (12 févr. 1954, *Dame veuve Marolles*), un accident mortel au cours d'une mise en scène destinée à surprendre des trafiquants d'or (TC, 27 juin 1955, *Dame Barbier*), une vérification d'identité sur la base d'une pièce douteuse (Cass. crim., 5 janv. 1973, *Sieur Friedel*), une mise en fourrière de véhicule (12 avril 1995, *M*[me] *Knudsen*) ou une garde à vue (TC, 22 mars 2004, *X.*).
- **En revanche, relèvent de la police administrative**: des faits commis au cours d'une ronde de nuit effectuée par des policiers (23 févr. 1951, *Desgranges*) ou lors d'une vérification d'identité (19 janv. 1945, *Comptoir des métaux précieux*; TC, 28 avr. 1980, *Waroquier c/ Min. de l'Intérieur*) ; un défaut de protection de certains lieux pour empêcher une infraction (TC, 12 déc. 2005, *Préfet de Champagne-Ardenne*).

La distinction entre les deux catégories de police ne revêt toutefois pas un caractère absolu car certaines autorités sont, au moins partiellement, communes aux deux polices: le maire, le préfet ou le commissaire de police. Pour distinguer entre les deux polices, la jurisprudence:

1°) Prend en considération la ***nature de l'activité de l'agent*** et non la ***qualité*** de cet agent (11 mai 1951, *Consorts Baud*; TC, 7 juin 1951, *Dame Noualek*; concl. Schmelck sur TC, 15 janv. 1968, *Préfet de la Haute-Garonne* ;

2°) Se place au moment où se produit l'acte et apprécie en quelle qualité l'auteur de l'acte a ***entendu*** agir: une opération de police administrative peut, à tout moment, devenir une opération de police judiciaire si un individu ***apparaît,*** même si c'est à tort, suspect aux agents administratifs (TC, 5 déc. 1977, *Préfet des Alpes-Maritimes*; 10 mars 1978, *S*[té] *« Le Profil »* et, sur renvoi, TC, 12 juin 1978, *S*[té] *« Le Profil »*).

→ Les différentes polices administratives

On distingue la police générale et les polices spéciales.

▶ **La police administrative générale**. Son domaine se définit par les trois termes de ***tranquillité***, de ***sécurité*** et de ***salubrité publiques***.

- La **tranquillité** vise à prévenir certains inconvénients excédant les sujétions normales de la vie en société: réglementation de la circulation urbaine des véhicules (TA Nice, 26 mars 1975, *Sieur Quillon*), du tapage nocturne, etc.
- La **sécurité** est relative à la prévention de tous les dangers qui menacent la collectivité ou des particuliers (circulation automobile: 8 déc. 1972, *Ville de Dieppe,* ou 22 oct. 2003, *S*[té] *« Les Sablières de la Perche »* ; 11 juill. 1975, *Sieur Clément et Association pour la défense de la musique contemporaine*: interdiction d'un festival de musique pop en raison du risque d'incendie).

- La **salubrité** englobe l'hygiène et la santé publiques, au sens le plus large du terme : lutte contre la pollution des eaux de baignade (28 nov. 1980, *C^ne^ d'Ardres*), interdiction de la vente ambulante de glaces sur une plage (4 déc. 1981, *Ville de Narbonne*) ou lutte contre la sécheresse (23 sept. 1991, *Ville de Narbonne*).

En revanche, et sauf permission législative, la police administrative générale ne peut aller au-delà de ces trois buts (18 févr. 1972, *Chambre syndicale des entreprises artisanales du bâtiment de la Haute-Garonne* : refus de l'esthétique comme but de police).

▶ **Les polices administratives spéciales.** Elles sont de deux sortes :

- Les premières poursuivent les mêmes buts que la police générale mais diffèrent de cette dernière par leur ***champ d'application***, d'où un régime juridique différent (polices des installations classées et des établissements dangereux, incommodes ou insalubres, ou des édifices menaçant ruine [5 juill. 2004, *Lescure*], ou des chemins de fer ou des mines : 22 oct. 2003, *S^té^ des mines Sacilor Lormines* ; police des communications électroniques (TC 15 oct. 2012, *Vincent X.*, 3875) ou des aérodromes (29 avr. 2013, *U.A.F.*, 363311).
- Les secondes sont spéciales par le ***but qu'elles poursuivent***, et s'appliquent à des activités dont l'objet n'entre pas dans la police générale : polices des spectacles (*Sieur Clément*, précité), des films, des chemins ruraux (TC, 26 nov. 1973, *Ville de Rueil-Malmaison*), de la chasse, de la pêche (27 mai 1983, *Fédération française d'études et de sports sous-marins*), de la dissémination volontaire d'OGM (24 sept. 2012, *C^ne^ de Valence*).

B – Le pouvoir de police

Le pouvoir de police sera étudié à travers l'exposé de son étendue puis de ses conditions d'exercice.

1. L'étendue du pouvoir de police

L'étendue du pouvoir de police se révèle à l'étude des autorités, des personnels et des mesures de police.

→ Les autorités de police

Elles relèvent de la police générale ou de la police spéciale.

▶ **Les autorités de police administrative générale.** Ces autorités se distinguent par échelon territorial.

- **Les autorité de police générale agissant au nom de l'État** sont :

Au niveau de l'État lui-même, tout d'abord, le chef de l'État (*Labonne*, 8 août 1919, rendu sous la IIIe République), qui partage désormais le pouvoir réglementaire avec le Premier ministre, mais peut toujours, dans son domaine, édicter des mesures de police. Le Premier ministre détient la plus grande partie des pouvoirs de police générale étatique (13 mai 1960, *SARL « Restaurant Nicolas »*; 17 févr. 1978, *Association « Comité pour léguer l'esprit de la Résistance »* ; 21 oct. 2011, *Assoc. défense usagers...*, 336855).

À l'échelon départemental, le préfet: il exerce la police de la circulation en dehors des agglomérations, ainsi que des compétences de police générale aux lieu et place de la police municipale défaillante ou lorsque plusieurs communes sont concernées (art. L.2215-1 du CGCT). Toutefois, il y a transfert des pouvoirs de police détenus par le préfet au « préfet adjoint pour la sécurité » lorsqu'il en existe un dans le département (décrets des 29 septembre 1972 et 13 septembre 1992). À Paris, ces pouvoirs appartiennent au « Préfet de police » (arrêté des consuls du 12 messidor an VIII) ; il en va de même à Marseille depuis les décrets du 15 oct. 2012 et du 17 févr. 2014.
À l'échelon communal, le maire qui agit comme autorité de police générale pour le compte de l'État lorsqu'il exécute des mesures de sûreté générale.

- **L'autorité de police générale agissant au nom du département** n'existe pas réellement, les lois de décentralisation n'ayant reconnu au président du conseil général que des pouvoirs de police du domaine départemental, mais l'on note une évolution de la jurisprudence (15 janv. 1988, *Association foncière de Semoutiers*).
- **L'autorité de police générale municipale** est tout entière dévolue au maire qui l'exerce seul, sous le contrôle du conseil municipal (art. L.2212-1 du CGCT), c'est le droit commun: le personnel de police est municipal et le pouvoir de police appartient au maire. Depuis 1941, dans les communes de plus de vingt mille habitants, ou dans celles qui connaissent une délinquance similaire à celle des communes urbaines (30 nov. 2001, *Courson*), la police est étatisée: le personnel de police est un personnel d'État, sa direction étant cependant confiée au maire.

▶ **Les autorités de police en matière de police administrative spéciale** sont très nombreuses.

- **À l'échelon central**, la loi peut reconnaître aux ministres des pouvoirs de police spéciale (le ministre de l'Intérieur dispose ainsi de la police des jeux et des casinos, de la police des étrangers).
- **À l'échelon local**, la principale autorité de police spéciale est le préfet: chasse et pêche, débits de boissons, établissements dangereux, incommodes ou insalubres, soldes...

→ Les personnels de police

L'autorité de police prend les décisions de police et le personnel de police, à statut civil ou à statut militaire, est chargé de les faire respecter et de veiller à leur exécution.

▶ **Le personnel de police à statut civil.** Ce personnel comprend la ***police nationale*** (loi du 9 juillet 1966), les ***compagnies républicaines de sécurité*** (CRS), les ***personnels municipaux de police*** (communes de moins de dix mille habitants, et corps supplétifs dans les communes de plus de dix mille habitants).

▶ **Le personnel de police à statut militaire** est constitué par la ***gendarmerie***, qui est une « arme » comme les blindés ou l'infanterie. Elle comprend plusieurs éléments: garde républicaine, gendarmeries départementale, mobile, fluviale, aérienne, maritime, etc. L'autorité civile peut obtenir, par voie de réquisition, celles des forces militaires qui lui paraissent indispensables au maintien de l'ordre.

→ Les mesures de police

Les mesures de police – imprescriptibles par nature (8 juill. 2005, *Sté Alussuisse-Lonza France*) et qui ne constituent pas, normalement, des sanctions (6 févr. 2013, *X.*, 363532) – sont susceptibles de revêtir deux formes, réglementaire ou individuelle.

▶ **Les mesures réglementaires de police.** La réglementation de police n'est pas uniforme, elle a un contenu plus ou moins contraignant.

- La forme la plus sévère est l'***interdiction générale***. Seule la loi peut l'édicter, à condition qu'il ne s'agisse pas d'interdire une liberté constitutionnelle. Une situation d'interdiction est exceptionnelle (en ce sens, concl. L. Corneille sur l'arrêt *Baldy,* 10 août 1917); elle ne peut concerner que des activités qui, le plus souvent, ne constituent pas des libertés: tapage nocturne, trafic de drogue, etc.
- Une réglementation moins sévère consiste en l'exigence d'une ***autorisation préalable***, que seule une loi peut créer (22 janv. 1982, *Association « Foyer de ski de fond de Crévoux »*).
- Une forme plus libérale de réglementation est la ***déclaration préalable***. En ce cas, dès le dépôt de la déclaration, l'action des administrés est libre et le pouvoir de l'administration fort restreint.

▶ **Les mesures individuelles de police.** Ces mesures ne soulèvent, en principe, pas trop de difficultés, n'étant en général que l'application à des cas particuliers de prescriptions générales édictées par voie réglementaire (20 janv. 1956, *Brionnet*).

2. L'exercice du pouvoir de police

L'exercice du pouvoir de police varie en fonction de la nature de ce pouvoir et de ses caractères.

→ La combinaison entre pouvoirs de police

Il peut y avoir concurrence entre les différentes polices mais en cas d'urgence ou de péril imminent n'importe quelle forme de police peut agir (10 oct. 2005, *Cne de Badinières*).

▶ **La concurrence entre deux autorités de police générale** se réalise quand celles-ci ont une compétence territoriale différente. En ce cas, l'autorité inférieure peut toujours ***ajouter*** à la réglementation édictée par l'autorité supérieure, elle peut l'***aggraver***, si les circonstances le justifient. Elle ne peut, en revanche, ***jamais l'atténuer*** (18 avr. 1902, *Maire de Néris-les-Bains*; 8 août 1919, *Labonne*, précité; 5 janv. 1968, *Préfet de police*; 7 oct. 1977, *Nungesser*).

▶ **La concurrence entre une autorité de police générale et une autorité de police spéciale** est une situation plus complexe que la précédente: tantôt l'institution, par le législateur, de ***la police spéciale exclut l'intervention de la police générale*** (12 mai 1911, *Mourat et autres*; 20 juill. 1935, *Établissements SATAN*; CAA Lyon, 4 juill. 2003, *Arme*) ; tantôt, le plus souvent, ***la création de la police spéciale n'a pas entendu supprimer l'intervention de la police générale***, soit que les deux polices appartiennent à une même autorité, simplement tenue, alors, à une obligation de cohérence (20 juill. 1971, *Méhu et autres*), soit qu'elles appartiennent à deux autorités différentes, cas le plus fréquent. Il est ainsi admis que l'autorité de police générale puisse intervenir dans la police sanitaire (17 oct. 1952, *Syndicat climatique de Briançon*) ou dans la police des déchets (11 janv. 2007, *Min. de l'Écologie*).

→ Caractères de l'intervention de police

La réglementation de police constitue une obligation pour l'administration car elle ***doit*** intervenir pour maintenir l'ordre public et édicter les mesures nécessaires: son inaction serait fautive et pourrait entraîner sa responsabilité (23 oct. 1959, *Doublet*). Par ailleurs, l'administration ne peut pas, en principe, déléguer son pouvoir de police (23 mai 1958, *Amoudruz*). Le contrôle du juge se fonde sur la nature de l'activité et sur la nature de la situation, sous réserve d'une importante exception.

▶ La prise en considération de la nature de l'activité.

- S'il s'agit d'**activités illicites**, l'exercice du pouvoir de police ne soulève aucune difficulté.
- S'il s'agit d'activités qui sont de **simples facultés**, la police dispose de toute latitude pour intervenir, sous réserve de ne pas établir de discrimination illégale entre les personnes (23 mars 1973, *Association dite « Les droits du piéton »*).
- S'il s'agit de **libertés publiques**, la police voit ses pouvoirs limités au seul respect des nécessités du maintien de l'ordre public. Il y a des « catégories » de libertés. Le respect des ***libertés « fondamentales »*** s'impose avec une très grande force (***liberté d'association*** : 11 juill. 1956, *Amicale des Annamites de Paris*; 12 juill. 1956, *M'Paye, N'Gom et Mounie* ; ***liberté de culte*** : 19 févr. 1909, *Abbé Olivier*, précité; 25 janv. 1933, *Abbé Coiffier* ; ***liberté de la presse*** : TC, 8 avr. 1935, *Action française*; 24 juin 1960, *Sté Frampar et Sté France éditions et publications*; ***liberté de réunion***: 19 mai 1933, *Benjamin* ; 9 janv. 2014, *Sté La Plume* [affaire Dieudonné]). D'autres activités en revanche sont moins nettement considérées comme étant des libertés fondamentales, ainsi de

la liberté du commerce et de l'industrie, sous réserve de la décision CC du 16 janv. 1982, relative à la « liberté d'entreprendre » et du respect des règles du droit de la concurrence.

▶ **La prise en considération de la nature de la situation. Le contrôle de proportionnalité.**

- L'intervention du pouvoir de police varie d'abord selon les **circonstances du lieu** où elle s'exerce : très importante dans les ***lieux publics*** (12 nov. 1975, *Sieur Rodes*; 9 juill. 1975, *Époux Durand*; 25 janv. 1980, *Gadiaga et autres*), elle se restreint ou disparaît pour les ***lieux privés,*** ouverts au public ou non.
- Il s'agit ensuite des **circonstances de temps**. Lors des ***périodes troublées ou délicates***, le juge admet plus libéralement la légitimité et la légalité des interventions de police (28 févr. 1919, *Dames Dol et Laurent*; 22 janv. 1982, *Association « Foyer de ski de fond de Crévoux »* ; 30 juin 2004, *Commune de Bertrange*).
- Il s'agit, enfin, de la nécessité d'**adapter les mesures de police aux besoins de l'ordre public**, en appliquant le principe de ***proportionnalité*** : adéquation stricte de la mesure de police à l'importance de la menace (la sonnerie de l'*Angélus* à 7 h du matin ne trouble pas l'ordre public : Bordeaux 19 juin 2007, *Cne de Biran*). Sont prohibées les interdictions ou limitations ***trop générales*** (22 juin 1951, *Daudignac et Fédération nationale des photographes-filmeurs*; 13 mars 1968, *Min. de l'Intérieur c/ Époux Leroy*; 4 mai 1984, *Préfet de police de Paris c/ Guez*; 26 juin 1987, *Michel et Francis Guyot*), ou ***insuffisantes*** (30 juin 2000 et 4 févr. 2004, *Association Promouvoir*).

▶ **L'exception : l'atteinte « à la dignité de la personne humaine »**. Le respect de la dignité de la personne humaine étant une composante directe de l'ordre public, l'autorité de police n'a jamais besoin d'invoquer les circonstances locales pour intervenir afin de prévenir les atteintes à cette dignité, qui revêt un caractère absolu (27 oct. 1995, *Commune de Morsang-sur-Orge* et *Ville d'Aix-en-Provence*, deux arrêts : à propos du jeu dit du « lancer de nains » ; 9 janv. 2014, *S[té] La Plume*, préc. : spectacle à connotation partiellement antisémite).

→ L'impossible délégation du pouvoir de police

Une jurisprudence traditionnelle refuse toute possibilité, pour l'autorité administrative, de déléguer l'exercice de son pouvoir de police (1932, *Ville de Castelnaudary*). Même si elle a été parfois critiquée, cette jurisprudence demeure en son principe (29 déc. 1997, *Commune d'Ostricourt*; CAA Lyon, 7 mai 2003, *Communauté de communes du Vallon du Lyonnais; TA Nice 22 déc. 2006, SA Vigitel*).

chapitre 5

La juridiction administrative

La juridiction administrative joue un rôle essentiel dans la formation et la mise en œuvre du droit administratif. C'est elle qui, en vertu d'un principe général du droit, doit normalement juger les litiges administratifs, et non un arbitre (29 oct. 2004, *Sueur et autres*). On étudiera son organisation (I), ses compétences (II), et les conflits suscités par la détermination de ces dernières (III).

I. L'organisation de la juridiction administrative

Pour comprendre cette organisation, on doit analyser la notion de juridiction administrative (A), et étudier les différentes juridictions administratives (B) ainsi que les règles présidant à la répartition interne de leurs compétences (C).

A– La notion de juridiction administrative

1. La notion de juridiction

Lorsque la loi qualifie un organisme de juridictionnel, il n'y a aucune difficulté ; c'est d'ailleurs le cas pour les juridictions les plus connues. Dans le silence des textes, la jurisprudence doit déterminer ce caractère juridictionnel au moyen de deux critères éventuellement combinés.

▶ **Le critère matériel, critère principal.** Ce critère, le plus couramment utilisé en jurisprudence, considère qu'***est juridictionnel l'organisme qui est habilité, soit par un texte soit par les principes qui le régissent, à trancher impartialement des litiges avec force de vérité légale.***

La reconnaissance du caractère juridictionnel est ainsi subordonnée à la réunion de quatre conditions, l'organisme considéré devant : **1°**) être en présence d'une contestation ; **2°**) édicter des actes possédant une certaine autorité, c'est-à-dire s'imposant avec une force incontestée ; **3°**) trancher des litiges, c'est-à-dire statuer entre des prétentions contradictoires. Cela permet de distinguer la juridiction de la législation, et le jugement d'une expertise ou d'un arbitrage. **4°**) être impartial, exigence fondamentale sans laquelle il n'y a pas de justice.

▶ **Le critère formel, critère supplétif.** Si l'utilisation du critère matériel ne permet pas de se prononcer sur la nature juridictionnelle d'un corps, le juge recourt, à titre complémentaire, au critère formel : composition, qualité des membres (magistrats ou non), mode de saisine, règles de fonctionnement, forme des décisions, etc.

2. La détermination de la nature administrative d'une juridiction

Une fois établie sa nature juridictionnelle, il faut encore déterminer à quel ordre appartient la juridiction, l'organisation française comportant, depuis plus de deux siècles, deux ordres de juridiction. En principe, la juridiction est ***judiciaire*** ou ***administrative*** selon qu'elle relève, en dernier ressort, du contrôle de la Cour de cassation ou de celui du Conseil d'État ; mais, à défaut de précision dans un texte, il peut être malaisé de le déterminer : souvent, est recherchée la nature d'une juridiction pour savoir de quelle juridiction suprême elle relève. Il est alors recouru à l'examen de la nature des différends qu'elle est amenée à trancher, de la nature des juges, etc. Des solutions inattendues mais logiques au fond sont parfois trouvées : ainsi, le Conseil supérieur de la magistrature, bien que composé surtout de magistrats judiciaires, présidé par le premier d'entre eux et compétent pour la discipline des magistrats judiciaires, constitue une juridiction administrative (12 juill. 1969, *Sieur L'Étang* ; 26 nov. 2012, *Pierre X.*, 348148).

3. La création des juridictions administratives

Depuis la Constitution de 1958, le législateur n'est compétent que pour la création de « nouveaux ***ordres de juridiction*** », le pouvoir réglementaire étant compétent pour la création de toute nouvelle ***juridiction***. Toutefois, la jurisprudence (Conseil constitutionnel et Conseil d'État) a donné un sens extensif à la notion de « nouvel ordre de juridiction »; celle-ci, prise au pied de la lettre, signifierait un nouvel ensemble de juridictions soumises à une nouvelle cour suprême, ce qui aboutirait à rendre à peu près sans effet la compétence législative. En pratique, par cette expression, on entend toute juridiction suffisamment nouvelle (tribunal pour enfants ; section des assurances sociales du conseil régional de discipline de l'ordre des médecins ; commission de recours des réfugiés : CC, n° 2003-485 DC, 4 déc. 2003).

B– Les diverses juridictions administratives

On distingue, d'une part, trois catégories de juridictions administratives de droit commun, normalement compétentes pour connaître des litiges administratifs sauf texte exprès en sens contraire, et, d'autre part, un grand nombre de juridictions administratives spécialisées.

1. Les tribunaux administratifs, juridiction administrative de droit commun du premier degré

Ces tribunaux, créés par le décret du 30 septembre 1953 et le règlement d'administration publique (RAP) du 28 novembre 1953, succèdent aux ***conseils de préfecture*** de l'an VIII qui n'étaient que des juridictions d'attribution.

→ L'organisation des tribunaux administratifs

Il existe quarante-deux tribunaux administratifs (trente-un en France continentale – généralement à ressort pluridépartemental – et onze outre-mer, la plupart à ressort monodépartemental ou monoterritorial).
Les tribunaux administratifs ont à leur tête un président, assisté de vice-présidents, et un nombre variable de chambres (chacune composée de trois juges, sauf recours aux formules de la ***formation élargie*** ou de la ***formation plénière***). Un ***greffe*** assure la marche des dossiers et la gestion du tribunal.

→ Les attributions des tribunaux administratifs

▸ **Attributions contentieuses.** Ce sont leurs attributions les plus importantes : ces tribunaux sont juges de droit commun du premier degré dans l'ordre administratif. Tout litige administratif leur revient, sauf disposition contraire expresse. Ils sont soumis par voie d'appel aux cours administratives d'appel ou, exceptionnellement, au Conseil d'État. Leurs décisions sont des ***jugements*** (190 000 environ par an).

▸ **Attributions administratives.** Les membres de ces tribunaux se voient confier de nombreuses missions administratives, notamment la présidence d'organismes administratifs (commission des impôts, commission de contrôle des opérations électorales universitaires, jurys de concours, enseignement, etc.).

▸ **Attributions consultatives.** Les tribunaux peuvent, en formation collégiale, être consultés par les préfets des départements du ressort sur toutes questions administratives, et rendent un avis qui n'est pas public. Cette attribution est assez peu développée.

▸ **Attributions conciliatrices.** La loi du 6 janvier 1986 (art. L. 211-4 du code de justice administrative, ci-après abrégé : « CJA ») leur confie une ***mission de conciliation***, sur demande des intéressés, entre administrations ou entre une administration et un particulier. Cette fonction est peu utilisée (CAA Marseille, 28 déc. 2000, *Sté Transmontagne*) et elle est toujours facultative pour le juge n'étant pas de nature juridictionnelle mais administrative (1er août 2012, *SNCF*).

→ Le personnel des tribunaux administratifs

Il jouit, depuis la loi du 6 janvier 1986, du ***privilège de l'inamovibilité***. Les membres des tribunaux, autres que les présidents et vice-présidents, portent le titre de ***conseillers***.

▶ **Recrutement.** Le recrutement s'opère normalement par le moyen de l'École nationale d'administration : les 5/6e des conseillers de deuxième classe, et les 7/8e des conseillers de première classe en sont issus. Un tour extérieur, donc hors ENA, est organisé pour recruter une partie des conseillers de deuxième et de première classes (respectivement 1/6e et 1/8e). Enfin, à cause d'une pénurie du recrutement par la voie normale et de besoins croissants, a été pérennisée l'instauration d'un recrutement spécial et permanent.

▶ **Avancement et carrière.** L'avancement d'échelon s'opère à l'ancienneté, et celui de grade, au choix. L'inamovibilité des membres des tribunaux administratifs est garantie par un organisme particulier, le ***Conseil supérieur des tribunaux administratifs et des cours administratives d'appel***. Ces juges sont gérés par le secrétaire général du Conseil d'État.

2. Les cours administratives d'appel, juridiction administrative de droit commun du deuxième degré

L'encombrement du Conseil d'État a conduit les pouvoirs publics à créer, par la ***loi du 31décembre 1987***, une véritable juridiction administrative de second degré : les cours administratives d'appel. Nombre de leurs règles sont communes avec celles régissant les tribunaux administratifs. Le ministère d'avocat y est presque toujours obligatoire (décret du 24 juin 2003).

→ L'organisation des cours administratives d'appel

Il existe huit cours administratives d'appel : à Bordeaux, Douai, Lyon, Marseille, Nancy, Nantes, Paris et Versailles. Leur ressort territorial est assez vaste.
Un président, membre du Conseil d'État, est placé à la tête de chaque cour, il est assisté de vice-présidents. Le nombre de chambres de chaque cour est fixé par arrêté du vice-président du Conseil d'État. Chaque chambre comprend cinq membres, la formation plénière, sept.

→ Les attributions des cours administratives d'appel

▶ **Attributions contentieuses.** Les cours sont juges d'appel de la plupart des jugements rendus par les tribunaux administratifs. Elles sont, en outre, juges d'appel des

commissions du contentieux de l'indemnisation des Français dépossédés de biens situés dans d'anciens protectorats ou territoires sous tutelle de la France. Leurs décisions sont des ***arrêts*** (28 000 environ par an), soumis au contrôle de cassation du Conseil d'État.

▶ **Attributions administratives et attributions consultatives.** Les cours ont en ces matières les mêmes attributions que les tribunaux administratifs ; leurs avis sont donnés aux préfets de région.

→ Le personnel des cours administratives d'appel

Ce personnel est soumis, *mutatis mutandis*, aux mêmes règles que le personnel des tribunaux administratifs, avec lequel il forme un corps unique (1 200 personnes environ). Il existe un greffe par cour, qui exerce les mêmes attributions que les greffes des tribunaux administratifs.

3. Le Conseil d'État, juridiction administrative de cassation de droit commun

Le Conseil d'État, héritier d'une institution d'Ancien Régime, a été recréé sous sa forme moderne par la Constitution du 22 frimaire an VIII. Doté de la justice déléguée (loi du 24 mai 1872), il se trouve régi, pour l'essentiel, par la grande ordonnance du 31 juillet 1945 remaniée. Il est l'une des plus prestigieuses institutions de l'État, au sein duquel ses membres jouent un rôle considérable.

→ L'organisation du Conseil d'État

À la tête du Conseil d'État est placé un ***vice-président*** (J.-M. Sauvé) qui est le véritable chef du Conseil (traditionnellement, le Premier ministre n'exerce que de façon théorique sa fonction de président du Conseil d'État). Ce vice-président, qui est le plus haut fonctionnaire de l'État, est assisté d'un bureau, des présidents de section et d'un secrétaire général. Le Conseil d'État siège au Palais-Royal, il est divisé en sept ***sections***.

▶ **Les sections administratives**

- **Les sections administratives spécialisées.** Les fonctions administratives du Conseil sont exercées par quatre sections spécialisées (***Travaux publics***, ***Intérieur***, ***Finances*** et ***Sociale***) disposant d'importantes attributions consultatives : avis sur les questions posées par les membres du gouvernement, sur tous les projets de lois et les projets d'ordonnances de l'article 38, sur tous les décrets de l'article 37, ainsi que sur d'autres décrets réglementaires. L'avis est rendu en section normalement, ou en sections réunies (quand plusieurs sections sont concernées), par l'***assemblée générale ordinaire*** du Conseil d'État (trente-cinq membres) ou, dans les cas les plus importants, par l'assemblée générale ***plénière*** (comprenant le vice-président, les sept présidents de section et tous les conseillers d'État), ou, en cas d'urgence, par la ***commission permanente*** (quatorze membres). Les avis sont en principe secrets.

- **La section du Rapport et des Études** est chargée de rédiger le Rapport annuel du Conseil d'État au président de la République, ainsi que d'effectuer des enquêtes et des études, qui lui sont commandées par le pouvoir exécutif. Elle intervient, en cas de difficulté, pour obtenir l'exécution des décisions de justice.
- **La section de l'administration**, créée en 2008, a une vocation généraliste et transversale permettant au Conseil d'État de jouer pleinement son rôle d'institution administrative centrale de l'État. Elle n'est pas sans rappeler la « section de législation » du Conseil d'État impérial.

▶ La section du contentieux

Cette section est chargée d'exercer la justice administrative. Elle est composée de dix ***sous-sections*** officiellement non spécialisées qui ont chacune un rôle d'instruction des dossiers. Les décisions sont rendues, normalement, par une seule sous-section ou deux (cas le plus fréquent), ou trois ou quatre, ***sous-sections réunies***. Les décisions plus importantes sont rendues par la ***section du contentieux (en formation de jugement)*** qui est composée de dix-sept membres de la section du contentieux (en tant que section du Conseil d'État). Les décisions les plus solennelles et les plus fondamentales émanent de l'***assemblée du contentieux***.

➜ Les attributions du Conseil d'État

▶ Les attributions administratives.

- **Attributions consultatives.** Les sections administratives du Conseil d'État exercent la fonction consultative. Elles répondent aux demandes d'avis juridique formulées par le gouvernement, elles sont appelées à préparer des projets (de lois, ordonnances, décrets) ou à donner leur sentiment sur la régularité (ou l'irrégularité) juridique de tels projets, ou sur les incidences juridiques qu'est susceptible d'avoir l'adoption d'un texte, tel un traité international. Ces demandes d'avis sont tantôt facultatives (le gouvernement recherche un conseil), tantôt obligatoires (un texte exprès l'impose), tantôt assorties d'une obligation pour le gouvernement de se conformer à l'avis rendu par le Conseil d'État (avis conforme).
- **Attributions hiérarchiques.** Le Conseil d'État assure la mission d'inspection des juridictions administratives. Son secrétaire général gère les tribunaux administratifs et les cours administratives d'appel.

▶ **Attributions contentieuses.** Ces attributions contentieuses sont exercées collégialement, quelquefois par juge unique (président de la section du contentieux ou président de sous-section).

Le Conseil d'État rend environ **dix mille** décisions par an.

- Il est ***juge de cassation de droit commun*** des arrêts rendus par les cours administratives d'appel, des décisions émanant de juridictions spécialisées statuant en dernier ressort ainsi que de certains jugements rendus par les tribunaux administratifs (art. R. 222-13 CJA).
- Il est aussi ***juge d'appel*** d'attribution, notamment des jugements des tribunaux administratifs statuant sur les recours en matière d'élections locales.
- Il est encore, à titre exceptionnel, ***juge en premier et en dernier ressort.***
- Il est, enfin, le ***régulateur suprême de la justice administrative*** (10 nov. 1999, *S[té] coopérative agricole de Brienon* ; 9 avr. 2010, *Philippe X.*) : jugement de la connexité, règlement de juges, demande d'avis sur une question de droit nouvelle présentant une difficulté sérieuse (art. L. 113-1 CJA) [cf. *infra*].

→ Le personnel du Conseil d'État

▸ **Recrutement.** Le personnel du Conseil d'État (330 membres environ) se recrute normalement ***par la voie de l'ENA*** (auditeurs de première, puis – quatre ans après – de seconde classe, devenant ensuite maîtres des requêtes, puis conseillers d'État). Si tous les auditeurs proviennent de l'ENA, le ***tour de l'extérieur*** (donc hors ENA) pourvoit à un quart des emplois de maître des requêtes et à un tiers de ceux de conseiller d'État.

▸ **Carrière.** L'avancement a lieu exclusivement ***à l'ancienneté*** (huit ans dans l'auditorat, seize ans au moins comme maître des requêtes), bien que le choix soit prévu en théorie. L'avancement au choix demeure pour les postes les plus importants. Bien qu'ils ne disposent pas du privilège de l'inamovibilité, les membres du Conseil jouissent d'une grande indépendance.

▸ **Fonctions.** Celles-ci sont ***administratives ou contentieuses*** selon la section d'appartenance des membres du Conseil d'État. De plus, ceux-ci peuvent exercer en dehors du Conseil certaines tâches compatibles avec leur qualité (présidence de commissions, participation à des jurys, etc.). Enfin, le ***détachement*** hors du Conseil d'État est très prisé car il ouvre l'accès à des carrières prestigieuses à la tête d'institutions publiques de premier plan.

4. Les juridictions administratives spécialisées

→ Les juridictions administratives spécialisées relevant du Conseil d'État par la voie de l'appel

Elles sont peu nombreuses. On rencontre surtout le ***Conseil des prises*** (qui statue sur la validité de toute prise maritime), dont les décisions sont jugées en appel par le Conseil d'État selon les modalités de la *justice retenue*, et les ***sentences arbitrales***, dans les cas où le recours à l'arbitrage est dérogatoirement admis (art. L. 311-6 CJA).

→ Les juridictions administratives spécialisées relevant du Conseil d'État par la voie de la cassation

Ce sont les plus nombreuses. Tel est le cas de la Cour des comptes, de la Cour de discipline budgétaire et financière, de nombre de juridictions disciplinaires (Conseil supérieur de la magistrature, conseils nationaux des divers ordres professionnels statuant comme conseils de discipline, Commission bancaire), de la Commission spéciale de la taxe d'apprentissage, de la Cour nationale du droit d'asile, de la Cour nationale de la tarification sanitaire et sociale, etc.

C– Le partage des compétences à l'intérieur de l'ordre juridictionnel administratif

Les compétences respectives des trois catégories de juridictions de droit commun obligent parfois à régler des conflits survenant à l'intérieur de l'ordre administratif de juridiction. Les règles de répartition des compétences internes à ces juridictions sont de nature réglementaire.

1. L'étendue de la compétence des tribunaux administratifs

Les règles de compétence qui régissent les tribunaux administratifs et qui font d'eux les juges de droit commun du premier degré en contentieux administratif sont d'ordre public (4 nov. 1824, *Chapron*).

Pour tout litige, le tribunal compétent au principal l'est aussi pour statuer sur l'accessoire. La compétence territoriale du tribunal administratif est déterminée par le siège de l'autorité qui a pris la décision ou passé le contrat litigieux (art. R. 312-19 CJA), mais ce principe est assorti de si nombreuses exceptions qu'il est devenu résiduel. Lorsque l'incompétence territoriale d'un TA n'a pas été soulevée par les parties avant le clôture de l'instruction, elle ne peut plus l'être par quiconque par la suite.

→ Les exceptions à la règle de détermination de la compétence juridictionnelle par le siège de l'autorité (art. R. 312-6 à R. 312-19 CJA)

Le tribunal administratif territorialement compétent est :

- en matière de ***reconnaissance d'une qualité*** (déporté, interné résistant, évadé...) ou de ***mesure individuelle de police***, celui du domicile du requérant ;
- en matière d'***expropriation***, d'***urbanisme***, *de* ***réquisition***, de ***domaine public***, de ***remembrement***, de ***monuments historiques*** et de ***sites***, celui du lieu de situation des biens objets de la mesure contestée ;
- en matière de ***litige individuel de fonction publique ou d'agents publics***, celui du lieu d'affectation de l'agent ;

- en matière de ***désignation des membres des assemblées, corps ou organismes***, celui du siège de ces assemblées ;
- en matière d'acte non réglementaire d'application de la législation relative aux professions ou aux activités ***professionnelles réglementées*** (application de la réglementation, sanctions), celui du siège de l'établissement ou du lieu d'exercice ;
- en matière de ***contrat, quasi-contrat, marché ou concession***, celui du lieu de leur exécution ;
- en matière de recours contre les ***refus ou les offres insuffisantes d'indemnisation de l'ONIAM*** ou tendant à l'***indemnisation des victimes d'essais nucléaires***, celui du lieu de résidence du demandeur ;
- en matière de ***pensions*** des agents publics locaux, celui du lieu d'assignation de la pension, ou de la résidence du demandeur lors de l'introduction du recours ;
- en matière de ***responsabilité extracontractuelle***, celui du lieu où s'est produit le fait générateur du dommage (fait ou décision) ;
- en matière de ***tutelle*** ou de ***décision individuelle des fédérations sportives***, celui du siège de l'autorité sous tutelle ou du siège de la fédération ;
- en matière de ***contribution spéciale des art. L.8253-1 et L. 8253-7 c. travail*** (emploi irrégulier de travailleurs étrangers), celui du lieu de constat de l'infraction.

Les litiges portant sur des refus de visa d'entrée en France relevant des autorités consulaires sont portés devant le TA de Nantes (R. 312-18 CJA).
Lorsque, par application des principes qui viennent d'être exposés, aucun tribunal administratif n'est compétent pour connaître d'un litige, il est renvoyé à celui de Paris.

→ Le principe résiduel : la règle de détermination de la compétence juridictionnelle par le siège de l'autorité

Dans les cas où aucun des critères précédents ne trouve à s'appliquer, c'est le siège de l'autorité qui détermine le tribunal compétent. Ce principe n'a donc, quantitativement et qualitativement, qu'un aspect résiduel.

2. L'étendue de la compétence des cours administratives d'appel

▶ **La compétence territoriale** des cours est d'ordre public. Est territorialement compétente la cour dans le ressort de laquelle se trouve le ressort du tribunal administratif dont le jugement est frappé d'appel.

▶ **La compétence matérielle.** Les cours sont compétentes pour connaître des appels dirigés contre la plupart des jugements rendus par des tribunaux administratifs, sauf ceux relatifs aux élections locales et ceux concernant les recours directs en appréciation de légalité car ils relèvent directement du Conseil d'État. Par exception, elles peuvent connaître de certaines litiges en premier ressort. La CAA Paris connaît en premier ressort des recours dirigés contre les arrêtés du ministre du travail en matière de représentativité syndicale et contre certaines décisions du CSA.

3. L'étendue de la compétence du Conseil d'État

→ Le Conseil d'État, juge en premier et dernier ressort

Pour des raisons purement pratiques, ou pour des motifs d'ordre, le Conseil d'État statue parfois en premier et dernier ressort : aucun recours n'est possible en ce cas contre sa décision.

Le Conseil est, à ce titre, compétent pour connaître, notamment, des recours :
- contre certaines élections (Parlement européen, conseils régionaux, Assemblée des Français de l'étranger, etc.), ou consultations (cf. art. 72-4 et 73 de la constitution) ;
- contre les décisions des organes de certaines collectivités d'outre-mer ;
- uniquement s'ils sont de pleine juridiction, contre les sanctions et /ou les décisions prises par certains organismes (ex. : agence française de lutte contre le dopage, CSA, autorité de la concurrence, autorité de régulation des jeux en ligne, CNIL, etc.) ;
- contre les ordonnances et les décrets du président de la république, les actes réglementaires des ministres et des autres autorités à compétence nationale ainsi que contre leurs circulaires et instructions de portée générale ;
- contre les décisions concernant le recrutement et la discipline des agents nommés par décret du président de la république ;
- contre la durée excessive de la procédure devant une juridiction administrative ;
- contre les décisions ministérielles prises en matière de contrôle des concentrations économiques.

Le Conseil d'État est également compétent pour connaître des recours en interprétation et/ou en appréciation de légalité des actes dont le contentieux relève de sa compétence en premier et dernier ressort.

→ Le Conseil d'État, juge d'appel (Rappel)

Le Conseil d'État, on l'a vu, est juge d'appel des jugements rendus par les tribunaux administratifs en matière d'appréciation de la légalité et d'élections cantonales ou municipales ou encore de référé liberté.

→ Le Conseil d'État, juge de cassation (Rappel)

Le Conseil d'État est juge de cassation des arrêts rendus par les cours administratives d'appel, ainsi que des décisions en dernier ressort rendues par nombre de juridictions spécialisées comme la Cour des comptes (8 juill. 1904, *Botta*).

→ Le Conseil d'État, régulateur de l'ordre administratif

Bien que cette compétence ne soit pas à proprement parler juridictionnelle, elle a sa place ici. La loi du 31 décembre 1987 a prévu la possibilité pour les tribunaux et cours administratifs de saisir le Conseil d'État d'une question de droit nouvelle, présentant une difficulté sérieuse et se posant dans de nombreux litiges. C'est une sorte de consultation destinée à empêcher une invasion contentieuse et à prévenir l'encombrement des rôles. La réponse du Conseil d'État peut être publiée au *Journal officiel* mais n'a pas de caractère obligatoire (cela afin de ne pas tomber sous la prohibition des arrêts de règlement: art. 5 du code civil) : on voit mal cependant la juridiction qui a sollicité l'avis du Conseil d'État, ne pas y souscrire.

4. Le règlement des questions de compétence à l'intérieur de l'ordre juridictionnel administratif

→ Le règlement de juges

C'est une procédure pour résoudre les contrariétés de décisions à l'intérieur de l'ordre administratif: si le conflit oppose deux juridictions inférieures, ou une juridiction inférieure et le Conseil d'État, ou même deux décisions du Conseil d'État, ce dernier annule celle des deux décisions qu'il estime erronée.

→ La connexité

Il y a connexité entre deux litiges portés devant deux juridictions administratives différentes notamment lorsque la solution de l'un des litiges dépend de la solution qui sera donnée à l'autre litige. Il peut y avoir connexité entre des demandes présentées devant deux tribunaux ou deux cours, ou un tribunal (ou une cour) et le Conseil d'État. Saisi d'une telle question, le Conseil d'État, s'il constate l'existence d'un lien de connexité, attribue le jugement du litige à l'une des juridictions saisies.

→ Le règlement préventif des questions de compétence

Cet ensemble de mécanismes (issus notamment de deux décrets des 22 février 1972 et 2 septembre 1988) est destiné à faire disparaître tout conflit de compétence à l'intérieur de l'ordre juridictionnel administratif. Une juridiction administrative, même incompétente pour connaître d'un recours, ***peut le rejeter*** s'il est entaché d'***irrecevabilité manifeste*** ou s'il n'y a ***pas lieu de statuer***. Et surtout, lorsqu'un doute surgit sur sa compétence, tout juge administratif de droit commun peut saisir le Conseil d'État pour qu'il tranche définitivement la question.

II. La répartition des compétences entre les deux ordres juridictionnels

C'est un des chapitres les plus difficiles des procédures civile et administrative: la frontière entre secteur public (juge administratif) et secteur privé (juge judiciaire) est délicate à tracer; certaines activités connaissent un autre juge que celui qu'elles appelaient « naturellement »; un relatif illogisme préside parfois aux solutions. Selon le Conseil constitutionnel (n° 86-224 DC du 23 janv. 1987, *Conseil de la concurrence* et 2011-631DC du 9 juin 2011, *Loi rel. à l'immigration*), d'une part il existe des « *matières réservées par nature à l'autorité judiciaire* », d'autre part relèvent du juge administratif « *l'annulation ou la réformation des décisions prises dans l'exercice de prérogatives de puissance publique par les autorités exerçant le pouvoir exécutif, leurs agents, les collectivités territoriales de la République ou leurs organismes publics placés sous leur autorité ou leur contrôle* ». Cette complexité se concilie mal avec l'obligation de juger dans un délai raisonnable (28 juin 2002, *Magiera*) et le droit d'accès aisé à un juge (art. 6 § 1, convention EDH) ainsi qu'on le vérifie ci-après en étudiant la délimitation des compétences respectives du juge administratif (A) et du juge judiciaire en matière administrative (B).

A- La délimitation de la compétence du juge administratif en matière administrative

La doctrine a longtemps cherché ***LE critère*** permettant de déterminer infailliblement le champ d'application à la fois du droit administratif et de la compétence du juge administratif.
Le ***critère du service public*** (qui met l'accent sur l'intérêt général), qu'avait systématisé l'arrêt *Blanco*, a été éclipsé, conformément aux prophéties de Romieu (concl. sur 6 févr. 1903, *Terrier*), par le ***critère de la puissance publique*** (qui met en avant les prérogatives exorbitantes du droit commun), ce dernier paraissant être, aux yeux du Conseil constitutionnel, le seul de rang constitutionnel. Les critères se sont succédé, ainsi celui selon lequel ***la compétence suit le fond*** (le droit applicable déterminerait la juridiction compétente). Tout cela peut paraître un peu incertain. On doit cependant retenir l'idée que, en principe, l'activité administrative est soumise au juge administratif.

1. La notion d'activité administrative, fondement de la compétence du juge administratif

Le principe est, en définitive, d'une formulation simple: l'activité administrative - sauf exception législative expresse (TC, 26 avr. 2004, *X.*) - relève du droit administratif, et donc du juge administratif.

▶ **Une présomption** fait décider que l'activité des personnes publiques (État, collectivités d'outre-mer, régions, départements, communes, collectivités *sui generis*, établissements publics) et de leurs agents (TC, 25 mars 1996, *Berkani*) est soumise au droit public. Le ***critère organique*** conserve une importance certaine.

▶ **Par exception jurisprudentielle**, l'activité de certaines personnes privées peut constituer une activité administrative, et relever ainsi du droit et du juge administratifs, à la double condition que ces personnes gèrent un service public et qu'elles aient été dotées à cette fin de prérogatives de puissance publique: 17 févr. 1992, *S^té^ Textron* (absence de prérogatives exorbitantes) ; TC, 13 janv. 1992, *Préfet de la Région Aquitaine* (existence de prérogatives exorbitantes).

▶ **Par exception légale,** certaines activités de personnes privées sont traitées par la loi comme des activités administratives: litiges entre tiers et entrepreneurs de travaux publics (loi de pluviôse an VIII, art. 4), ou relatifs à l'indemnité due à l'explorateur par le concessionnaire d'une mine (code minier, art. 76), etc.

2. Les activités de service public soustraites (en tout ou en partie) à la compétence du juge administratif

➜ Les exclusions absolues

▶ **Les actes de gouvernement** (cf. pp. 23-25) ne peuvent pas être contestés devant le juge administratif, sauf s'il s'agit d'***actions en responsabilité*** dirigées contre l'État par suite de dommages causés par l'incorporation en droit interne français d'une convention internationale (30 mars 1966, *Cie générale d'énergie radioélectrique*). On peut observer aujourd'hui une nette tendance à la réduction du champ d'application de l'acte de gouvernement (15 oct. 1993, *Saniman* et *Mme Joy Davis-Aylor*, deux arrêts; 25 sept. 1998, *Mégret*).

▶ **Les lois** échappent à la compétence du juge administratif sauf s'agissant d'apprécier leur conventionnalité. Il faut entendre par « loi » l'acte pris par un organe qui avait la nature d'autorité législative ***lors de l'édiction*** de l'acte en question: ainsi, sont des lois certains édits, ordonnances, baillettes, lettres patentes royaux, des décrets et arrêtés de la Révolution, des décrets, arrêtés (et avis du Conseil d'État) du Consulat et de l'Empire, des décrets de certains gouvernements (gouvernement provisoire de 1848, gouvernement de la Défense nationale...), certains actes du régime de Vichy, etc.

➜ Les exclusions partielles

▶ **Les litiges relatifs aux affaires internationales** échappent, en grande partie, à la connaissance du juge administratif. Il en va spécialement ainsi:

1°) des activités menées en dehors du territoire national (sauf s'il s'agit d'activités administratives françaises: 18 déc. 1925, *National Steam Navigation Company Ltd of Greece*; 8 avr. 1961, *Houille*; application négative: 27 avr. 1987, *Boulard*);

2°) des activités menées par des agents, même français, ayant une double compétence lorsqu'ils agissent en même temps en qualité d'autorité étrangère (agents de protectorat agissant au nom de l'État protégé, président de la République française en tant que co-prince des Vallées d'Andorre : 1er déc. 1933, *Sté Le Nickel*) ;

3°) des actes ***non détachables*** de la conduite des relations internationales. Les actes dont l'examen ne peut être effectué sans mettre en jeu l'interprétation de rapports internationaux, sont dits non détachables et échappent à la compétence du juge administratif. Sont, en revanche, des actes ***détachables*** – et donc susceptibles d'être déférés au juge administratif – ceux qui forment en eux-mêmes un ensemble intellectuel et pratique permettant leur examen sans qu'il soit nécessaire de procéder au contrôle du cadre international auquel ils se relient : mesures d'exécution ou d'application d'un traité, extraditions (15 oct. 1993, *Mme Joy Davis-Aylor*), refus d'extradition (15 oct. 1993, *Saniman*), etc.

▶ **Les litiges relatifs au service public de la justice judiciaire** se rangent en deux catégories (TC, 27 nov. 1952, *Officiers ministériels de Cayenne c/ Préfet de la Guyane*) : ceux relatifs à l'**organisation** du service public de la justice judiciaire, et ceux relatifs à son **fonctionnement**.

En tant que service public administratif, la justice judiciaire devrait relever de la compétence du juge administratif, mais le principe de séparation des deux ordres de juridiction conduit à exclure cette compétence. Au vu de ces exigences contradictoires, la décision précitée de 1952 confie au juge administratif la connaissance des ***litiges relatifs à l'organisation*** de la justice judiciaire (statut des magistrats, localisation, création, suppression des tribunaux, etc.). Au contraire, ***tout ce qui touche au fonctionnement même*** de la justice judiciaire, c'est-à-dire l'acte juridictionnel lui-même, échappe au juge administratif, y compris les ***actes préparatoires*** aux décisions de justice (arrêt de renvoi, décision d'engager ou non des poursuites [10 févr. 1984, *Min. de l'Agriculture c/ Sté « Les fils de Henri Ramel »*], actes de police judiciaire), ainsi que la plupart des ***actes d'exécution*** de ces décisions. À leur égard, le juge administratif ne retrouve une certaine compétence que dans deux hypothèses : **1°)** les litiges relatifs au *refus du concours de la force publique pour assurer l'exécution d'une décision de justice* (30 nov. 1923, *Couitéas* ; 12 févr. 1971, *Rebatel*), et **2°)** les litiges relatifs au *fonctionnement administratif du service pénitentiaire* (qu'il s'agisse de personnes condamnées ou simplement prévenues), notion entendue très largement aujourd'hui.

▶ **Les litiges relatifs à l'exercice par le Conseil constitutionnel** des missions que lui confient la Constitution et les lois organiques (25 oct. 2002, *Brouant* ; 9 nov. 2005, *Moitry*).

B– La délimitation de la compétence du juge judiciaire en matière administrative

Dans certaines matières, la situation est inverse de celle qui vient d'être décrite : bien que l'on soit en présence d'activités de service public, le principe est la compétence du juge judiciaire, l'exception est la compétence du juge administratif.

1. La compétence judiciaire par détermination légale

Elle comprend notamment :

▶ **le contentieux des impôts indirects, des droits de douane et d'enregistrement,** en vertu des lois du 22 frimaire an VIII et du 1er germinal an XIII, ainsi que **de l'impôt de solidarité sur la fortune** ;

▶ **les droits de place dans les halles et sur les marchés** (décr. 17 mai 1809 ; 9 mai 2011, *Jean-Paul X. et a.*, 341118) ;

▶ **le contentieux des dommages de toute nature causés par un véhicule quelconque,** en vertu de la loi du 31 décembre 1957, la jurisprudence ayant une conception extensive de la notion de véhicule (sont considérés comme tels une charrette à bras, le nuage de poussière soulevé par un véhicule, l'arbre tracté par un véhicule, ou encore un radeau ou un tractopelle) ;

▶ **le contentieux en matière de sécurité sociale** (loi de 1946) ;

▶ **le contentieux résultant de certaines hypothèses de responsabilité** (dommages causés aux élèves ou par les élèves de l'enseignement public ou privé sous contrat, dommages dus aux installations électriques [loi du 15 juin 1906] ou nucléaires [loi du 30 octobre 1968], au stationnement ou aux manœuvres des troupes [lois de 1877 et 1901, ordonnance de 1959], etc.) ;

▶ **le contentieux des brevets d'invention**, sauf pour les décisions administratives refusant d'octroyer ou de prolonger un brevet ;

▶ **une partie du contentieux de la concurrence et de certains contentieux économiques** (ordonnance du 1er décembre 1986, lois des 6 juillet et 31 décembre 1987, 22 janvier 1988, 2 août 1989 et 27 juin 1996).

2. La compétence judiciaire en vertu de principes jurisprudentiels

Les circonstances historiques de l'apparition du juge administratif ont suscité l'hostilité des libéraux, qui ont multiplié, au cours du XIXe siècle, les exceptions de compétence en faveur du juge judiciaire (propriété privée, libertés individuelles).

→ L'état et la capacité des personnes

La plupart des litiges relatifs à l'état civil et à la capacité des personnes relèvent de la compétence du juge civil, qui a, en la matière, plénitude de juridiction (par exemple, les autorisations de mariage accordées par le président de la République : 12 oct. 2005, *P. et S.H.*). Le juge administratif retrouve cependant sa compétence dans quelques cas (refus d'inscrire un titre de noblesse sur le registre du Sceau de France, changement de nom des communes, départements et régions, francisation des noms et prénoms consécutive à une naturalisation, opposition à un changement de nom, naturalisation et refus de naturalisation, nationalité des personnes morales).

→ Libertés de l'individu et droit de propriété

L'article 66 de la Constitution fonde la compétence du juge judiciaire en ces matières (CC, 12 janv. 1977, 29 déc. 1983 et 29 déc. 1984 ; 9 juill. 1986, *Ville de Paris*). Deux théories sont issues de cette conception : l'***emprise irrégulière*** (TC, 21 juin 2004, *SCI Camaret*) et la ***voie de fait*** (Cass. 1re civ., 9 janv. 2007). Elles sont aujourd'hui en net déclin à la suite d'importantes évolutions jurisprudentielles qui en ont fortement réduit le champ d'application.

▶ **L'emprise irrégulière** (TC, 23 avr. 2007, *Desdians*) est réalisée uniquement lorsqu'une décision administrative porte atteinte à la propriété privée immobilière dans des conditions telles que cela a pour effet l'extinction du droit de propriété (TC, 9 déc. 2013. *M. et Mme P. c/ Cne de Saint-Palais-sur-Mer*, 3931). Dans ce cas, seul le juge judiciaire est compétent pour statuer sur les conséquences de l'emprise (TC, 17 mars 1949, *Sté immobilière Rivoli-Sébastopol* : TC, 15 déc. 2003, *EURL Franck Immobilier* : TC, 20 juin 2005, *Lopez*). Le juge administratif est, lui, exclusivement compétent, d'une part, pour statuer sur les litiges en matière d'emprise régulière, d'autre part, lorsque l'emprise est irrégulière, pour décider si l'emprise revêt ou non un caractère irrégulier et pour statuer sur ses effets lorsque l'emprise n'emporte pas extinction du droit de propriété.

▶ **La voie de fait**, qui peut porter sur un bien meuble ou immeuble ou sur un droit ou une liberté, n'est réalisée désormais que dans l'une des deux hypothèses suivantes (TC, 17 juin 2013, *Bergoend c/ Sté ERDF Annecy* Léman, 3911 ; TC, 3 févr. 2014, *Liliane P. c/ Préf. police*, 3943) :

1°) « l'administration a procédé à l'exécution forcée, dans des conditions irrégulières, d'une décision, même régulière, portant atteinte à la liberté individuelle ou aboutissant à l'extinction d'un droit de propriété » ;

2°) « (l'administration) a pris une décision qui a les mêmes effets d'atteinte à la liberté individuelle ou d'extinction d'un droit de propriété et qui est manifestement insusceptible d'être rattachée à un pouvoir appartenant à l'autorité administrative » ;

Ainsi, d'une part, l'atteinte ne doit plus concerner une liberté fondamentale abstraitement entendue mais le droit subjectif détenu par un individu dans l'exercice de sa

liberté personnelle, d'autre part, l'atteinte au droit de propriété doit être telle qu'elle produise, en fait, une quasi-disparition concrète dudit droit.
Dans ces deux cas, strictement entendus, le juge judiciaire a compétence pour en ordonner la cessation ou la réparation. Si l'exécution forcée à laquelle l'administration a procédé trouvait sa source dans un texte l'autorisant, il n'y a pas voie de fait (TC, 12 mai 1997, *Préfet de police*). Par ailleurs l'existence d'une voie de fait peut être constatée, indifféremment, par le juge judiciaire ou par le juge administratif car il s'agit d'un acte **inexistant**. Enfin, en raison des particularités de cette procédure, le juge administratif du référé-liberté peut statuer sur une voie de fait (23 janv. 2013, *Cne de Chirongui*).

3. La compétence du juge judiciaire pour connaître des opérations à gestion privée de l'administration (Rappels)

▶ **Gestion du domaine privé.** Les litiges relatifs à la gestion du domaine privé (TC, 24 janv. 1952, *Conservateur des Eaux et Forêts de la Corse*; 13 nov. 1987, *Secr. d'État à la Mer c/ Mme Amiot*), aux dommages causés par le domaine privé ou par son exploitation (28 nov. 1975, *Office national des Forêts c/ Abamonte*), à ses contrats et à la responsabilité qui en découle (TC, 19 janv. 2004, *X.*) relèvent du juge judiciaire. Le juge administratif ne retrouve sa compétence qu'en vertu de dispositions légales expresses (lois du 10 juin 1793 et du 9 ventôse an XII [partage des biens communaux], loi du 28 pluviôse an VIII [vente d'immeubles du domaine privé de l'État], ou pour certains actes réglementaires concernant le domaine privé ou encore en cas de dommages de travaux publics.

▶ **Services publics à caractère industriel ou commercial. Prétendu service public social.** (Renvoi au chap. 4)

▶ **Responsabilité de certains services publics ainsi que celle découlant de la faute personnelle d'un agent public, détachable de ses fonctions.** (Renvoi au chap. 2)

▶ **Contrats de droit privé des personnes publiques.** (Renvoi au chap. 3)

III. Conflits et questions préjudicielles

L'existence de deux ordres de juridiction et la complexité de la ligne de partage produisent des difficultés qui sont tantôt de véritables conflits (A), tantôt de simples incidents de parcours (B).

A– Les conflits

Il y a ***conflit*** lorsqu'il est prétendu qu'un ordre de juridiction a été saisi (ou privé) à tort d'un litige. Une juridiction particulière, le Tribunal des conflits, intervient pour trancher les différents conflits susceptibles de survenir.

1. Le Tribunal des conflits

Institué par la Constitution de 1848 (art. 89), le Tribunal des conflits fonctionna durant la IIe République puis disparut. Rétabli par la loi du 24 mai 1872, il est aujourd'hui régi, notamment, par un RAP du 26 octobre 1849, la loi du 4 février 1850 et le décret du 25 juillet 1960.

Un important projet de réforme est en préparation. Il prévoit de supprimer la présidence du Tribunal des conflits par la Garde des Sceaux, il crée la possibilité pour le vice-président du Tribunal de statuer par ordonnance dans certains cas, instaure la saisine directe du Tribunal par toute juridiction pour « difficulté sérieuse », lui donne compétence en matière d'indemnisation du dommage causé par la durée excessive des procédures s'étant déroulées devant les deux ordres de juridiction, enfin, le commissaire du gouvernement auprès de ce tribunal prend le nom de *rapporteur public*.

➜ L'organisation du Tribunal des conflits

▶ **Composition.** Juridiction paritaire, ce Tribunal se compose de trois conseillers d'État et de trois conseillers à la Cour de cassation élus par leurs pairs pour trois ans, plus deux autres membres cooptés par les six membres élus, coutumièrement choisis parmi les conseillers d'État et les conseillers à la Cour de cassation.
Il est présidé par le garde des Sceaux, qui n'intervient qu'en cas de partage égal des voix pour « vider » le partage (cela ne s'est produit qu'une quinzaine de fois en cent quarante ans ; cette modalité est de plus en plus critiquée). Le ministère public et les rapporteurs sont pris, à parts égales, parmi les maîtres des requêtes au Conseil d'État et parmi les avocats généraux près la Cour de cassation. De 1872 au 31 déc. 2013, il a rendu plus de 3930 décisions.

▶ **Fonctionnement.** Il siège, comme le Conseil d'État, au Palais-Royal. Les requêtes déposées au greffe du Tribunal sont transmises à un rapporteur qui établit son rapport à l'intention des membres du Tribunal et du commissaire du gouvernement (le rapporteur et le commissaire du gouvernement doivent appartenir chacun à un ordre juridictionnel différent). Un quorum de cinq membres est requis pour la validité des délibérations.
Après audition des avocats, puis du commissaire du gouvernement, le Tribunal rend sa décision en séance publique. Aucun recours n'est possible.

➜ Le rôle du Tribunal des conflits

En apparence, ce rôle est plutôt modeste : ce Tribunal paraît devoir se borner à indiquer la juridiction compétente sans trancher lui-même le litige, hormis l'hypothèse, rare, du conflit de décisions au fond. ***En réalité***, son rôle va nettement au-delà. Bien souvent, le Tribunal oriente décisivement la jurisprudence : c'est lui qui a inventé le SPIC (22 janv. 1921, *Bac d'Éloka*) ou le service social (22 janv. 1955, *Naliato*), créé l'autonomie de la responsabilité administrative (8 févr. 1873, *Blanco*). Parfois, il ne reste plus rien à juger après son intervention : quand il juge qu'il y a voie de fait ou faute personnelle détachable, la juridiction judiciaire est compétente et doit statuer dans le sens indiqué. Le Tribunal peut soulever d'office l'illégalité du règlement déterminant la compétence juridictionnelle (20 nov. 1997, *Albert*).

2. Les divers types de conflit

Il y a trois sortes de conflit, mais quatre voies d'accès.

→ Le conflit positif

Il y a conflit positif lorsque le préfet d'un département estime qu'une juridiction de l'ordre judiciaire a été saisie à tort d'un litige, celui-ci ressortissant à la compétence du juge administratif. L'abstention d'agir du préfet ne peut être contestée que devant le juge judiciaire (20 avr. 2005, *Régie départementale des transports de l'Ain*).

▶ **Procédure**. Le préfet adresse au ministère public placé auprès de la juridiction judiciaire, avant qu'elle n'ait rendu une décision définitive sur le fond ou sur la compétence, un ***déclinatoire de compétence*** pour l'inviter à se dessaisir du dossier. Si celle-ci, dans les quinze jours qui lui sont impartis, refuse de s'exécuter, le préfet peut (c'est une faculté) prendre un ***arrêté de conflit***, qui visera le plus souvent la loi des 16-24 août 1790, ce qui, à la fois, suspend le procès devant le juge judiciaire et saisit le Tribunal des conflits. Celui-ci dispose de trois mois pour statuer : soit l'arrêté de conflit est confirmé, et le juge administratif sera déclaré compétent, soit il est infirmé et l'affaire reprendra son cours devant la juridiction judiciaire primitivement saisie.

▶ **Juridictions concernées**. Le conflit peut être élevé devant toutes les juridictions civiles du premier degré et d'appel, quelle que soit la formation de jugement, y compris celle du référé (TC, 2 mai 1988, *Préfet des Hautes-Alpes*), il ne peut l'être en cassation, celle-ci ne constituant pas un degré de juridiction.

- ***En matière criminelle***, l'élévation du conflit est impossible sur l'action publique (ordonnance du 1er juin 1828, art. 1er); elle est possible sur l'action civile jointe à l'action publique, sauf devant la juridiction d'instruction.
- ***En matière correctionnelle ou de police***, l'élévation du conflit est toujours possible sur l'action civile ; sur l'action publique elle ne l'est que dans deux cas : lorsque la répression du délit est confiée par la loi à l'autorité administrative (par exemple, contravention de grande voirie), ou en cas d'existence d'une question préjudicielle qu'une loi réserve à la connaissance du juge administratif.

Il n'y a ***pas d'élévation possible*** du conflit, même sur l'action civile, quand est en cause la liberté individuelle ou l'inviolabilité du domicile.

→ Le conflit négatif

Il y a conflit négatif lorsque deux juridictions appartenant chacune à un ordre différent se déclarent successivement incompétentes pour connaître d'un litige au motif que c'est l'autre ordre juridictionnel qui est compétent. L'institution du ***renvoi*** (voir ci-après) a éliminé la plupart des cas de conflit négatif.

→ L'institution du renvoi

Le décret du 25 juillet 1960 a institué deux procédures de renvoi direct au Tribunal des conflits : le renvoi obligatoire et le renvoi facultatif.

1°) **Le renvoi obligatoire** : lorsqu'une juridiction s'estime incompétente pour connaître d'un litige à propos duquel une autre juridiction, appartenant à l'autre ordre, s'est déjà déclarée incompétente, elle a l'obligation de renvoyer au Tribunal des conflits le soin de trancher préventivement.

2°) **Le renvoi facultatif** est ouvert aux seules juridictions souveraines (Conseil d'État, Cour de cassation, etc.), qui peuvent soumettre au Tribunal des conflits, par décision motivée insusceptible de recours, la résolution des difficultés sérieuses de compétence que soulève le litige qui leur est soumis (1er juin 2011, *Jean-Luc X.*, 341716).

→ Le conflit de décisions au fond

Le conflit de décisions au fond se produit lorsque deux juridictions, appartenant chacune à un ordre différent, rendent sur le même dossier deux décisions rigoureusement contraires, entraînant un ***déni de justice***. Ce n'est pas un conflit portant sur la compétence, mais sur le fond même du droit : on peut citer la célèbre affaire de la frégate *Isis*, dans laquelle le juge judiciaire estima que la frégate avait péri par suite de faits de guerre (guerre de Crimée) alors que le juge administratif vit dans la tempête la seule cause de la perte de la frégate ; le propriétaire ne fut jamais indemnisé. La loi du 20 avril 1932 a décidé qu'en ce cas, le litige est porté devant le Tribunal des conflits, qui statue au fond comme le ferait une juridiction ordinaire. Pour cela, six conditions doivent être cumulativement réunies : **1°**) existence de deux décisions juridictionnelles émanées d'ordres différents, **2°**) caractère définitif de ces décisions, **3°**) identité d'objet entre les décisions, **4°**) obligation pour le juge saisi d'avoir statué sur le fond, **5°**) contradiction insurmontable des décisions soit sur les faits soit sur le droit applicable, **6°**) existence, en conséquence, d'un véritable déni de justice (TC 9 juill. 2012, *SCI du Batifort*). Ces conditions sont appréciées restrictivement (TC, 19 oct. 2009, *Parman*).

B– Les questions préjudicielles

Lorsqu'une juridiction saisie d'un litige a besoin, pour pouvoir statuer au fond, de voir trancher une question qui échappe à sa compétence car elle relève d'une juridiction de l'autre ordre, ou d'une juridiction non française (renvoi préjudiciel à la CJCE, art. 234 du traité de Rome), cette question est dite ***préjudicielle***.
Devant le juge administratif, la question est ***toujours préjudicielle***: le juge administratif doit toujours renvoyer au juge judiciaire. Devant le juge judiciaire, le régime des questions préjudicielles est plus complexe. Il faut mettre à part le cas de la QPC.

1. Existence d'une question préjudicielle

Il faut d'abord qu'il y ait une véritable ***question***, c'est-à-dire « *une difficulté réelle, soulevée par les parties ou spontanément reconnue par le juge, et de nature à faire naître un doute dans un esprit éclairé* » (Laferrière) : si la question se résout aisément, il n'y a pas question préjudicielle.
Il faut, ensuite, que la réponse à ladite question soit ***indispensable à la solution du litige*** (TC, 20 mai 1882, *Rodier*).
En présence d'une question préjudicielle, le juge saisi doit surseoir à statuer et renvoyer les parties devant la juridiction compétente (toutefois, dans le cas de la CJUE, il adressera lui-même la question à la Cour). Il attend ensuite la réponse de la juridiction, réponse qui s'impose absolument à lui.

2. Les questions préjudicielles devant le juge judiciaire

Il convient de distinguer d'une part, l'***interprétation*** des actes administratifs (qui s'apparente à l'interprétation des lois, tâche normale du juge), et l'***appréciation de la légalité*** des actes administratifs (acte grave qui peut aboutir à la paralysie de ces actes) ; d'autre part, les questions relatives aux ***contrats administratifs***.

→ L'interprétation des actes administratifs unilatéraux

La faculté d'interpréter les actes administratifs est assez largement admise au profit du juge judiciaire car elle entre dans les fonctions normales de tout juge.

▶ **L'interprétation des actes réglementaires** par le juge judiciaire est toujours possible (TC, 16 juin 1923, *Septfonds*; TC, 24 janv. 1983, *COREP de Corse du Sud*) particulièrement quand est en jeu le droit de l'UE (TC, 17 oct. 2011, *SCEA du Chéneau*).

▶ **L'interprétation des actes administratifs individuels** donne lieu à une distinction: si ***le juge répressif peut toujours*** interpréter de tels actes (art. 111-5 du nouveau code pénal), leur interprétation est en revanche ***interdite au juge civil***, sauf dans deux cas: lorsque l'acte est clair, ou lorsqu'il n'est pas détachable d'un litige principal dont la connaissance appartient au juge judiciaire en vertu de la loi (loi du 31 décembre 1957 par exemple).

→ L'appréciation de la légalité des actes administratifs unilatéraux

▶ **L'appréciation de la légalité des actes administratifs réglementaires** par le juge répressif est toujours possible (TC, 5 juill. 1951, *Avranches et Desmarets*). Elle ne l'est pas pour le juge civil sauf si ces actes portent atteinte à l'inviolabilité du domicile, à la liberté individuelle ou au droit de propriété (TC, 30 oct. 1947, *Barinstein*).

▶ **L'appréciation de la légalité des actes administratifs individuels**, impossible pour le juge civil, est toujours possible pour le juge répressif selon l'art. 111-5 du nouveau code pénal, qui met fin à une longue controverse entre le Tribunal des conflits et la Cour de cassation.
Toutefois, juges civil et répressif sont toujours compétents en vertu de la loi pour apprécier la légalité des actes réglementaires ou individuels en matière de fiscalité indirecte (TC, 27 oct. 1931, *Pannier*; TC, 7 déc. 1998, *District urbain de l'agglomération rennaise*).

→ Les questions préjudicielles et le contrat administratif

De telles questions sont toujours préjudicielles et entraînent toujours leur renvoi au juge administratif (TC, 16 juin 1997, *S^té^ « Les fils de Mme Géraud »* ; TC, 23 févr. 2004, *Préfet de Haute-Garonne*).

3. La question prioritaire de constitutionnalité

Lorsque dans le cadre d'une instance devant une juridiction administrative (une procédure identique existe devant le juge judiciaire), l'une des parties soulève une exception tirée de l'inconstitutionnalité d'une disposition législative invoquée par l'autre partie, une procédure particulière s'applique. La juridiction saisie peut juger non sérieuse ou irrecevable ou irrégulière l'exception d'inconstitutionnalité, elle peut aussi l'admettre. Dans le premier cas, la décision de non renvoi pourra être contestée en appel ou en cassation, dans le second cas, elle est transmise directement par la juridiction saisie au Conseil d'État qui conserve un pouvoir de filtrage. En cas de renvoi au Conseil constitutionnel, celui-ci dispose de trois mois pour se prononcer ; il peut différer dans le temps les effets d'une déclaration d'inconstitutionnalité.

chapitre 6

Les recours devant le juge administratif

Après avoir exposé la procédure devant les juridictions administratives (I), on décrira les règles régissant, d'une part, les recours contre les actes administratifs (II), d'autre part, et les recours contre les décisions juridictionnelles (III).

I. La procédure administrative contentieuse

Toute personne peut s'adresser à la justice pour demander, par exemple, l'annulation d'une décision de l'administration ou la réparation du préjudice causé par celle-ci. Cette action en justice prendra la forme d'une ***demande*** ou ***requête*** (A). Elle débouchera, au terme de la procédure (B), sur une ***décision juridictionnelle*** dont il convient d'assurer l'exécution effective et intégrale (C).

A– La demande des parties

Une demande en justice doit être ***recevable***, c'est-à-dire obéir à certaines conditions de forme et de fond régissant le demandeur lui-même et sa demande. La recevabilité s'apprécie au jour de l'introduction du recours (23 sept. 1987, *S^té^ SAGEM*). Ce n'est que si la demande est jugée recevable qu'il pourra être procédé à l'examen de son bien-fondé.

1. La notion de décision préalable

Sauf en matière de travaux publics, le demandeur en justice n'est recevable à contester une décision administrative que s'il en démontre le caractère de décision et que s'il produit au juge la décision contestée. Cette exigence, dite de « la décision préalable », est posée par tous les textes relatifs au contentieux administratif.

Cette règle présente peu d'intérêt dans le ***contentieux de l'annulation*** (essentiellement le *recours pour excès de pouvoir*) : par définition, ce contentieux a pour objet de solliciter du juge l'annulation d'une décision administrative, c'est donc que le

requérant possède cette décision ; il pourra aisément la produire. En revanche, dans le ***contentieux de pleine juridiction*** (ou plein contentieux), il arrive souvent qu'une telle décision n'existe pas : il faut en provoquer l'existence. La personne victime d'un dommage doit, avant de saisir le juge administratif d'une *action en indemnité*, adresser à l'administration une demande en ce sens, et ce n'est qu'en cas de refus que la victime pourra attaquer devant le juge la décision négative.
La règle de la décision préalable n'est pas d'ordre public : le défaut de décision préalable ne peut donc pas être soulevé d'office par le juge.

→ Justification de la règle

Depuis l'arrêt *Cadot* (13 déc. 1889 : abandon de la théorie du « ministre-juge »), la règle de la décision préalable se justifie comme une sorte d'instance pré-contentieuse de nature à évacuer une partie du contentieux : la demande préalable peut être l'occasion d'un rapprochement des points de vue débouchant sur un accord amiable.

→ Décision explicite et décision implicite

L'exigence de décision préalable pourrait se révéler redoutable pour le plaideur potentiel si l'administration, au lieu de prendre une décision négative (et donc déférable au juge), se cantonnait dans un mutisme complet : faute de décision, elle ne pourrait pas être traînée en justice. C'est pourquoi il a fallu donner un sens au ***silence de l'administration***. Longtemps, le silence gardé pendant deux mois par l'administration sur une demande de l'administré a valu décision implicite de rejet. La loi du 12 nov. 2013 a inversé le principe. À compter du 12 nov. 2014 pour l'État et du 12 nov. 2015 pour les collectivités territoriales le silence vaut décision implicite d'acceptation. Toutefois, ce principe est assorti d'exceptions si importantes et évolutives que son application ne sera guère aisée et assez peu fréquente. L'intéressé doit apporter la preuve de ce silence (production d'un accusé postal de réception d'une lettre recommandée) et sa demande doit être complète (13 janv. 2003, *Camara*).

→ Exceptions et limites à la règle de la décision préalable

1°) Certains litiges sont dispensés de l'exigence de décision préalable : litiges en matière électorale, litiges concernant l'ensemble du contentieux des travaux publics.

2°) Certaines décisions sont impuissantes à valoir décision préalable susceptible de lier le contentieux : actes de gouvernement, actes d'autorités administratives étrangères, mesures d'ordre intérieur, actes de simple information, suggestions, etc., actes non directement déférables au juge car devant faire l'objet d'un recours administratif (et non juridictionnel) obligatoire préalable à toute saisine du juge (par exemple : refus d'accès aux documents administratifs).

→ Importance de la règle de la décision préalable

Il est essentiel pour les administrés de bien rédiger les termes de leur demande afin de circonscrire correctement le cadre de leur différend. Le débat contentieux se déroulera ***dans les strictes limites de la demande*** adressée à l'administration et de la réponse de celle-ci : il ne sera plus possible, devant le juge, d'étendre la demande initiale, sauf dans le contentieux de la responsabilité en cas d'aggravation d'un préjudice.

2. Les délais d'action

Les exigences sont, ici, contradictoires : le plaideur a intérêt à un délai long, l'administration a, elle, intérêt à bénéficier d'un délai bref afin que son action ne soit point énervée par la menace constante d'un procès.
La règle du délai est ***d'ordre public*** : la forclusion peut être soulevée à tout moment par les parties ou relevée d'office par le juge.

→ La durée du délai d'action

La détermination correcte de ce délai est capitale car, à défaut, il y a ***forclusion***, or celle-ci est insurmontable.

▶ **Les différents délais.** Le délai de droit commun pour saisir le juge administratif est de ***deux mois***. Il arrive qu'existent des délais d'une durée supérieure (pensions militaires d'invalidité) ou d'une durée moindre (cinq jours pour la contestation d'élections universitaires, municipales ou cantonales).

▶ **L'opposabilité du délai.** Dans le cas d'une décision individuelle prise spontanément ou sur demande de l'intéressé, le délai n'est opposable que si, par une mention expresse dans la décision individuelle, il a été porté à la connaissance de l'intéressé. Lorsqu'un particulier adresse une demande à l'administration (et seulement en ce cas), celle-ci doit porter à sa connaissance :

1°) le ***service compétent*** pour instruire la demande ;
2°) le ***délai*** au terme duquel, faute de décision expresse, la demande sera réputée rejetée (ou acceptée) ;
3°) les ***délais et voies de recours*** éventuels contre la décision implicite lorsque celle-ci a valeur de rejet.

À défaut de l'une de ces trois mentions, le délai ne court pas.

▶ **Les prorogations et les suspensions du délai.**

1°) **Le délai de distance :** les délais de droit commun sont prorogés d'un mois pour les requérants domiciliés outre-mer, de deux mois s'ils sont domiciliés dans le reste du monde. La loi peut, à raison de circonstances particulières, édicter une prorogation générale du délai (cf. après les événements de mai-juin 1968).

2°) **Le recours administratif préalable,** qu'il soit ***gracieux*** (porté devant l'auteur même de la décision contestée) ou ***hiérarchique*** (porté devant le supérieur hiérarchique de l'auteur de la décision contestée), proroge le délai de recours contentieux aux conditions suivantes : il doit s'agir d'un véritable *recours*, et non d'une simple protestation ; le *recours préalable* doit avoir été lui-même formé dans le délai de recours contentieux (généralement deux mois). Si la réponse au recours préalable est une décision explicite, le recours contentieux doit être formé dans les deux mois de celle-ci. Si cette réponse est implicite, résultant du silence gardé pendant plus de deux mois et si elle entre dans la catégorie des décisions implicites valant rejet, deux cas sont à distinguer : *en excès de pouvoir*, le recours contentieux doit être formé dans les deux mois suivant l'expiration du deuxième mois ; *en plein contentieux*, le délai de recours ne court pas car dans cette branche du contentieux, seule une décision explicite fait courir le délai de recours. Deux recours préalables de même nature ne conservent qu'une fois le délai à compter de la réponse au premier recours, deux recours de nature différente (hiérarchique et gracieux, ou l'inverse) conservent le délai jusqu'à la plus tardive des deux réponses.

3°) **Le recours formé devant une juridiction incompétente** proroge le délai du recours contentieux, à la triple condition qu'il ait été formé dans le délai de droit commun, que la juridiction saisie ait rejeté la demande pour incompétence et non pour un autre motif, et que la juridiction compétente ait été saisie dans les deux mois du jugement (ou de l'arrêt) d'incompétence. Lorsqu'un tel recours fait suite à un recours administratif préalable, ce dernier conserve le délai contentieux, mais deux recours juridictionnels successifs portés devant des juridictions incompétentes ne conservent qu'une fois le délai sauf si l'une d'elles est une juridiction du premier degré et l'autre sa juridiction d'appel.

▶ **Réouverture du délai.** Lorsque l'administration prend une décision nouvelle sur nouvelle instruction, le délai est rouvert s'il ne s'agit pas d'une décision ***purement confirmative***, c'est-à-dire qui aboutit au même résultat que la décision précédente (4 avr. 1952, *Gerbeau*). L'exécution trop tardive d'une décision pourtant devenue définitive rouvre le délai de recours contre elle (8 janv. 1998, *Mhadi*).

→ La computation du délai

▶ **Délai franc.** Le délai est dit « franc » car ne sont comptés dans celui-ci ni le « *dies a quo* » (jour de la notification, de la publication ou de la signification de la décision) ni le « *dies ad quem* » (jour du terme du délai). Si un acte administratif est reçu par l'intéressé le 1er juin, le délai ne commencera à courir que le 2 juin à zéro heure (le *dies a quo*, journée du 1er juin, a ainsi été neutralisé), et il s'achèvera deux mois plus tard quel que soit le nombre de jours existant dans le mois, soit le 2 août à zéro heure, mais le recours est encore recevable toute la journée du 2 août, laquelle s'ajoute par neutralisation du *dies ad quem*. Lorsque le délai s'achève un jour férié ou non ouvrable, son expiration est reportée au premier jour ouvrable qui suit.

▶ **Point de départ du délai.** Le principe est que le délai commence à courir, à l'encontre des mesures réglementaires et de certaines mesures à caractère collectif, à compter de leur ***publication*** (insertion dans un recueil officiel, affichage, etc.), et, à l'encontre des mesures individuelles, à compter de leur ***notification*** à l'intéressé.

Deux exceptions :

1°) En matière de ***décision implicite*** valant rejet, le délai commence à courir à compter du dernier jour du deuxième mois du silence gardé par l'administration sur la demande si celle-ci concerne le contentieux de l'annulation des actes. En revanche, les décisions implicites relevant du plein contentieux ne font pas courir le délai, seule une décision explicite peut avoir cet effet.

2°) La ***théorie de la connaissance acquise*** permet à l'administration d'établir que le demandeur a eu connaissance de la décision à une date certaine, antérieure à celle de sa connaissance officielle apparente, et de fixer le point de départ du délai à cette date. Cette théorie est très restrictivement appliquée, voire en voie d'abandon. Ainsi, le fait de former un recours administratif contre une décision ne fait pas échec à la règle selon laquelle les délais de recours contentieux ne courent qu'à compter de leur indication dans la notification de la décision (13 mars 1998, *Mme Mauline*; 8 juill. 2002, *Hôpital local de Valence d'Agen*).

→ Les effets de l'expiration du délai

Le principe a longtemps été que l'action était ***forclose*** lorsque le délai est expiré : toute action devenait irrecevable et, en ce qui concerne l'action engagée avant l'expiration du délai, il n'était plus possible au requérant ni de prendre des ***conclusions nouvelles***, ni de modifier la ***cause juridique*** de son action.

Cependant, après expiration du délai, outre la ***réouverture*** précitée, plusieurs possibilités restent encore ouvertes :

1°) l'***exception d'illégalité contre un acte réglementaire*** est perpétuelle (26 juin 1998, *S^té^ AXS Télécom et autre)*;

2°) le ***refus d'accéder à une demande d'abrogation*** d'un acte réglementaire illégal ou d'un acte non réglementaire non créateur de droits peut être attaqué dans les deux mois du refus; or, comme une telle demande est indéfiniment renouvelable, cela conduit à constater qu'en réalité la contestation d'un acte réglementaire illégal est, aujourd'hui, toujours possible;

3°) la ***responsabilité extracontractuelle de l'administration*** peut encore être engagée pour les dommages causés par des actes (réglementaires ou individuels) contre lesquels l'action directe en annulation ne serait plus possible, du moins tant que n'a pas expiré le délai de la prescription quadriennale;

4°) enfin, ***en cas de changement des circonstances, il est possible de solliciter l'abrogation des règlements illégaux*** depuis l'origine ou depuis ce changement (3 févr. 1989, *Alitalia*) ou des actes non réglementaires créateurs de droits devenus illégaux du fait de ce changement des circonstances (30 nov. 1990, *Les Verts*).

En cas de refus, le juge peut être saisi dans les deux mois de ce refus.

B– L'instance

La procédure administrative présente certains traits que met en évidence le déroulement du procès.

1. Les caractères de la procédure administrative contentieuse

Quatre traits, dont certains non spécifiques, caractérisent cette procédure.

→ Une procédure de type inquisitoire

C'est le trait le plus notable de la procédure administrative contentieuse : le rôle prépondérant qu'y joue le juge. Le procès est dirigé par lui et non par les parties. Le juge est saisi par voie de ***requête*** à lui adressée et non par une assignation délivrée à un adversaire d'avoir à se trouver devant telle juridiction. C'est encore le juge qui, souverainement, fixe les délais de production et, d'une façon plus générale, l'ensemble du rythme de l'instruction. Il dispose du pouvoir, énergique, de clôturer l'instruction à tout moment. Mais c'est dans l'administration de la preuve que les pouvoirs du juge se révèlent particulièrement étendus. Il peut se satisfaire, à titre de preuve, d'éléments de nature à faire naître un doute dans son esprit et qui ne constituent pas une preuve (28 mai 1954, *Barel et autres*) ou bien opérer un renversement de la charge de la preuve (30 oct. 2009, *Perreux*).

→ Une procédure écrite

En raison de ses origines canoniques et administratives, la procédure administrative est le règne de l'écrit. Les communications se font par le moyen de mémoires écrits entièrement développés. Il en va de même des communications entre le juge et les parties. Les éléments seulement oraux sont très ténus : les plaidoiries, le jour de l'audience, sont orales mais il est interdit de rien ajouter qui ne soit déjà contenu dans les écritures ; les conclusions du rapporteur public sont orales mais s'appuient sur des notes écrites qui demeurent annexées à la procédure. La seule langue admise est le français.

→ Une procédure contradictoire et loyale

Le principe de la contradiction des points de vue est essentiel à tout procès, il a d'ailleurs une nature ***constitutionnelle*** puisqu'il s'impose aux lois (CC, n°72-75 L, 21 déc. 1972). Les parties ont le droit d'exposer leurs prétentions et arguments, de connaître ceux de leurs adversaires, de se voir communiquer toutes les pièces versées au débat ; aucune d'elles ne peut détenir plus d'informations que l'autre, et le juge ne peut statuer que sur les seuls éléments connus de tous les protagonistes (14 déc. 2001, *S[té] Réflexions, Médiations, Ripostes*). Le principe de loyauté procédurale joue ici à plein.

→ Une procédure à ministère d'avocat particulier

Le caractère essentiellement écrit de la procédure et les pouvoirs inquisitoriaux du juge donnent une configuration particulière au rôle joué par le ministère d'avocat devant les juridictions administratives : il s'agit davantage d'un travail de cabinet et d'étude que d'un effort de plaidoirie, puisque – sauf dans les procédures urgentes – tout doit être dit dans les mémoires écrits. Il faut également noter que dans un grand nombre de contentieux de première instance, le ministère d'avocat n'est pas obligatoire (fonction publique, élections, fiscalité, excès de pouvoir, etc.).

2. Le déroulement du procès administratif

Le procès administratif débute avec le dépôt, par le ***demandeur***, d'une ***requête***, éventuellement accompagnée de pièces annexes, au ***greffe*** du tribunal ou de la cour (ou, au Conseil d'État, auprès du secrétariat du contentieux). L'affaire est transmise à une chambre, généralement en fonction de sa spécialité. Le président de celle-ci désigne aussitôt un ***rapporteur***, qui sera la « cheville ouvrière » de ce dossier : c'est lui qui recevra les communications, effectuera les transmissions, fera ordonner d'éventuelles mesures d'instruction ou accorder des délais, etc. Le ***mémoire introductif*** est transmis par le greffe à la partie qui y est mentionnée (le ***défendeur***), avec indication d'un délai (non impératif) pour déposer un ***mémoire en défense***. Ce dernier, reçu par la juridiction, est transmis au demandeur pour ***mémoire en réponse*** selon les modalités ci-dessus. Le mouvement itératif peut se poursuivre par mémoires en *réplique*, en *duplique* et *contre-duplique*, etc., jusqu'à ce que le juge s'estime suffisamment éclairé. Durant ce temps, le ***rapporteur public*** affecté à la chambre saisie, qui fait partie de la juridiction (29 juill. 1998, *Mme Esclatine*) et se veut une sorte d'« honnête homme » juridique, prépare des ***conclusions*** (voir CEDH, 7 juin 2001, *Kress*) du moins dans les cas où il n'en est pas dispensé.

Lorsque l'instruction est close, les avocats des parties (ou, à défaut, les parties elles-mêmes) sont avisés que leur affaire est ***inscrite au rôle*** d'une ***audience publique*** (14 févr. 1996, *Maubleu*) un jour déterminé. Ce jour venu, l'affaire est appelée par le ***secrétaire-greffier*** en fonction de son numéro d'enrôlement. Le rapporteur expose succinctement l'affaire et ses éléments juridiques, puis la parole est donnée aux parties : le demandeur s'exprime généralement d'abord, le défendeur ensuite. Le rapporteur public, s'appuyant ou non sur des notes écrites (1er mars 2013, *X.*), formule librement son opinion – sous forme de ***conclusions*** – sur « *les solutions qu'appelle, suivant sa conscience, le litige soumis à la juridiction* » (10 juill. 1957, *Gervaise*). À la fin des conclusions, auxquelles il peut être répliqué par de brèves observations orales ou par une ***note en délibéré*** (12 juill. 2002, *Leniau*), l'affaire est ***mise en délibéré*** tout le temps que dure le travail de réflexion et de rédaction de la sentence. Le délibéré est secret. Le rapporteur public ne peut pas y assister dans les tribunaux et cours administratifs, il le peut au Conseil d'État sauf opposition expresse des parties. La décision est lue en audience publique, puis elle est notifiée aux différentes parties par le greffe ou, au Conseil d'État, par le secrétariat du contentieux.

Toute décision de justice comporte trois parties : les ***visas*** (qui énoncent les dispositions sur lesquelles le juge s'appuie pour décider, ainsi que les productions des parties), les ***motifs*** (en forme de « *Considérant que...* », où le juge expose son raisonnement ; c'est la partie la plus intéressante pour le juriste), et le ***dispositif*** (qui débute ainsi : « *Par ces motifs...* », divisé en articles et contenant la décision juridictionnelle proprement dite).

3. Les procédures rapides et les procédures d'urgence

Dans certains cas se rencontre la nécessité d'une décision rapide ou urgente du juge, en attente du règlement définitif du litige. Les solutions sont délicates car se contredisent l'intérêt individuel du requérant et le caractère non suspensif des voies de recours. Depuis l'importante réforme introduite par la loi du 30 juin 2000, ces procédures, normalement provisoires, si l'on met à part le ***constat*** (art. R. 531-1 CJA) qui fait un peu double emploi avec le référé-instruction, prennent la forme de ***référés urgents***, de ***référés non urgents*** et de ***référés spéciaux***.

→ Règles générales

Le juge des référés est toujours un juge unique (président de la juridiction ou magistrat ayant une certaine ancienneté) ; est compétent celui qui aurait été compétent matériellement et territorialement pour connaître de l'affaire au principal. La requête en référé est écrite et doit comporter les éléments de fait et de droit utiles ; elle est dispensée, dans la plupart des cas, de la production d'une « décision préalable ». Elle est introduite sans ou avec ministère d'avocat selon que le litige au fond en est dispensé ou non.

La demande de référé doit toujours satisfaire à ***deux conditions*** : **1°)** existence d'une situation au moins pré-contentieuse, **2°)** utilité des mesures sollicitées ; en outre, les référés ***urgents*** doivent satisfaire à une troisième condition, celle de l'***urgence***. Toute requête en référé fait l'objet d'un « ***filtrage*** » permettant son rejet immédiat, sans instruction contradictoire et sans audience publique, si fait défaut la condition d'urgence (pour les référés urgents) ou si la requête est manifestement irrecevable ou mal fondée pour quelque autre motif. L'instruction, hormis les cas précédents, est menée contradictoirement mais de manière accélérée, d'où la dispense de conclusions du rapporteur public (art. L. 522-1, al. 3 CJA).

Le jugement est rendu à titre provisoire, étant susceptible de réexamen à tout moment ; il n'a donc pas l'autorité de chose jugée ; il est cependant ***exécutoire*** et ***obligatoire*** (5 nov. 2003, *Association Convention vie et nature pour une écologie radicale et autre*). Les référés non urgents peuvent être frappés d'appel, sous quinzaine, devant un juge unique, puis d'un pourvoi en cassation. Parmi les référés urgents, le référé-suspension et le référé conservatoire peuvent seulement faire l'objet d'un pourvoi en cassation devant le Conseil d'État, le référé-libertés, d'un appel porté directement devant le Conseil d'État.

➜ Les référés urgents

▶ Le **référé-suspension** (L. 521-1 CJA) permet, parallèlement à une requête au principal tendant à l'annulation ou à la réformation d'une décision administrative, d'obtenir sa suspension même pour inexistence (26 janv. 2007, *Cne de Neuville-sur-Escaut*) ***en attendant que soit rendu un jugement sur le fond*** – ce qui suppose que la décision n'est pas entièrement exécutée au moment où le juge des référés statue. Il faut, pour cela, établir : **1°**) qu'il y a urgence à une telle suspension – mais l'urgence ne suppose pas une situation « irréversible » (26 oct. 2005, *Sté des crématoriums de France*) – ; **2°**) qu'un au moins des moyens invoqués au soutien de la demande d'annulation ou de réformation est de nature à faire naître un doute sérieux sur la légalité de l'acte déféré.

▶ Le **référé-conservatoire** (L. 521-3 CJA), permet au juge « *d'ordonner toutes mesures utiles sans faire obstacle à l'exécution d'aucune décision administrative* » : il peut user à cette fin de son pouvoir d'injonction et n'est plus limité par la prohibition, existant jusqu'en 2001, de ne pas « préjudicier au principal ».

▶ Le **référé-liberté** (L. 521-2 CJA) est le plus moderne et le plus innovant des référés urgents. Par ce référé, le juge peut « *ordonner toutes mesures nécessaires à la sauvegarde d'une liberté fondamentale* » à laquelle il est porté « *une atteinte grave et manifestement illégale* » par une personne publique, ou privée gérant un service public. Le juge doit statuer dans un délai de quarante-huit heures. Ce sont les notions de « ***libertés fondamentales*** » et de « ***gravité*** » de l'atteinte qui soulèvent le plus de questions. Ce référé a connu d'emblée un vif succès. Il peut porter sur un comportement qualifié « voie de fait » (23 janv. 2013, *Cne de Chirongui*).

➜ Les référés non urgents

▶ Le **référé-instruction** (R. 531-1 CJA) permet, en dehors de toute urgence, de solliciter du juge la prescription de ***toutes mesures utiles d'expertise ou d'instruction*** : le juge des référés peut ordonner toutes les mesures que le juge du fond pourrait également prescrire, dès lors qu'elles ont un caractère « utile ».

▶ Le **référé-provision** (R. 531-2 CJA) permet au créancier d'une personne publique de saisir le juge d'une demande tendant à ce que lui soit allouée, sur un montant total qui lui est dû, une ***allocation provisionnelle***, sorte d'avance, dès lors que le montant de celle-ci n'est pas « *sérieusement contestable* » par le débiteur public (3 déc. 2003, *Sté Bernard Travaux Polynésie*).

→ Les référés spéciaux

Ils sont ***nombreux et disparates.***

▶ Le **référé en matière contractuelle**: *le référé précontractuel* (art. L. 551-1 et L. 551-2 CJA) et *le référé contractuel* (L. 551-13 à L. 551-23 CJA). *Le référé précontractuel* permet l'intervention précoce du juge en cas de violation du droit communautaire lors de la mise en œuvre d'une procédure contractuelle ou de la conclusion d'un contrat. Pourront ainsi être ordonnées: le respect par la personne publique de ses obligations, la suspension de la conclusion ou de l'exécution du contrat, l'annulation de toute mesure d'exécution du contrat ou de toute clause contractuelle irrégulière. Le *référé contractuel* permet aux personnes se prétendant lésées par des manquements aux obligations de publicité et de mise en concurrence auxquelles sont soumis certains contrats (visés aux art. L. 551-1 et L. 551-5 CJA) de saisir le juge. Celui-ci dispose de pouvoirs considérables sur le contrat, il peut les exercer même d'office: suspension de son exécution, constatation de sa nullité, résiliation, infliction d'une pénalité financière.

▶ Le **référé tendant à l'annulation des arrêtés préfectoraux de reconduite à la frontière des étrangers en situation irrégulière** doit être formé dans les quarante-huit heures de la notification de l'arrêté et jugé dans les soixante-douze heures de la saisine du juge.

▶ On peut encore citer: le **référé en matière audiovisuelle, la suspension des décisions administratives prises en l'absence d'étude d'impact** (L. 554-11 CJA), la **suspension après conclusions défavorables du commissaire enquêteur ou de la commission d'enquête** dans le cadre d'une enquête publique (L. 554-12 CJA), ou encore la **suspension des sanctions pécuniaires prononcées par l'Autorité de régulation des communications électroniques et des postes.**

C– L'exécution de la décision juridictionnelle

La décision de justice a force de vérité légale, elle s'impose aux parties qui doivent l'exécuter, ceci étant une conséquence du droit à un procès équitable (CEDH, 19 mars 1997, *Hornsby c/ Grèce*); cette exigence est renforcée, en procédure administrative, par l'absence d'effet suspensif des voies de recours. L'administration se montre parfois très réticente pour exécuter les décisions de justice, mais la situation traditionnelle a évolué vers une plus grande efficacité.

1. La situation traditionnelle

Longtemps le juge n'a eu que peu de pouvoirs face à une administration se refusant à exécuter certaines de ses décisions.

Progressivement, des améliorations ont été apportées: mise en jeu de la responsabilité de la personne publique récalcitrante (2 mai 1962, *Caucheteux et Desmonts*); ou de l'État à raison de lois validant rétroactivement des actes administratifs annulés (1er déc. 1961, *Lacombe*); inscription d'office au budget de la collectivité sous tutelle des sommes mises à sa charge par décision de justice; possibilité ouverte aux ministres de signaler au Conseil d'État les difficultés rencontrées pour exécuter les jugements ou arrêts, et, pour les plaideurs, de saisir le Conseil d'État des difficultés rencontrées pour obtenir l'exécution de ces sentences.

2. La situation moderne

Outre le maintien des moyens antérieurement existants, qui gardent tous leurs effets, les lois du 16 juillet 1980, du 30 juillet 1987, du 8 février 1995 et surtout du 12 avril 2000 ont introduit d'importants mécanismes énergiques pour procurer l'éxécution des décisions de justice:

1°) **En cas de condamnation définitive au paiement d'une somme d'argent,** la personne publique dispose de deux mois pour ordonnancer la somme, quatre mois en cas d'insuffisance des crédits (3 sept. 2007, *Dechelotte*). Passé ce délai, le comptable doit payer sur demande du créancier accompagnée de la décision de justice, faute de quoi il serait passible d'une amende. Le créancier a lui-même qualité pour saisir la ***Cour de discipline budgétaire et financière*** par le moyen de son ministère public. S'il s'agit d'un comptable public local, l'autorité de tutelle ou la chambre régionale des comptes peut être saisie. Il doit être procédé, dans le mois, à un mandatement d'office ou à une mise en demeure; à défaut, une inscription d'office est prononcée. Ainsi, le préfet peut vendre un bien appartenant à la collectivité locale défaillante dans son exécution de la chose jugée (18 nov. 2005, *Sté fermière de Campoloro*).

2°) **Les lois de 1980 et 1995 instituent un régime de condamnation à astreinte** des personnes publiques n'exécutant pas pendant quatre mois une décision de justice (17 mai 1985, *Mme Menneret*). L'astreinte est prononcée, spontanément ou sur demande de l'intéressé, à titre provisoire ou définitif, par tout juge administratif saisi. L'astreinte se cumule avec d'***éventuels dommages-intérêts.*** De plus, l'agent public dont le comportement aura provoqué la condamnation d'une collectivité publique à astreinte, pourra se voir infliger une amende.

3°) **Tout juge (loi de 1995), même de référé** (14 nov. 1997, *Communauté urbaine de Lyon*), **peut délivrer injonction** pour prescrire une ***mesure d'exécution*** d'un jugement (28 mars 1997, *Unaf*) ou pour ***fixer le délai*** dans lequel doit intervenir une décision administrative ou celle d'une personne privée (9 juill. 1997, *ANPEEC*).

4°) Le justiciable peut saisir la juridiction qui a rendu une décision, d'une demande d'exécution lorsqu'il éprouve des difficultés à la faire exécuter (art. L. 911-4 CJA).

II. Les recours contre les actes administratifs ; le cas du recours pour excès de pouvoir

Les diverses actions en justice possibles contre un acte administratif se classent respectivement dans l'une des quatre branches du contentieux, en fonction du ***contenu de la demande*** adressée au juge, et, corrélativement, des ***pouvoirs*** de ce dernier, mais le juge peut requalifier un recours (27 sept. 2006, *Maupas*) :

1°) **Le contentieux de l'interprétation** saisit le juge administratif d'une question d'interprétation d'une décision administrative (renvoi préjudiciel d'une juridiction judiciaire, ou saisine par un justiciable en dehors de tout litige). La réponse du juge – qui ne tranche pas par elle-même un litige – s'impose avec l'autorité de chose jugée. Ce contentieux est plutôt résiduel.

2°) **Le contentieux de la répression** confère au juge administratif le pouvoir d'infliger une peine. Il comprend notamment le ***contentieux disciplinaire de la fonction publique,*** le ***contentieux des sanctions administratives*** (retrait d'une licence, fermeture d'un débit de boissons, retrait du permis de conduire ou de chasser, etc.), le ***contentieux des contraventions de grande voirie***. Ce contentieux est d'application plus fréquente que le précédent.

3°) **Le contentieux de pleine juridiction, ou plein contentieux,** est ainsi dénommé parce que c'est la branche du contentieux dans laquelle le juge administratif est doté du ***maximum de pouvoirs de décision***: il peut condamner pécuniairement l'administration, annuler l'acte en tout ou en partie, ou le réformer seulement. Appartiennent à ce contentieux: les litiges en matière de contrat, de responsabilité extracontractuelle, de fiscalité, d'élections (17 oct. 2003, *Consultation des électeurs de Corse*), d'édifices menaçant ruine, d'états exécutoires, de titres de recette, d'injonction (4 juill. 1997, *Bourezak*) – ce qui est une solution discutable –, de sanctions, etc. C'est l'un des deux contentieux majeurs du droit administratif.

4°) **Le contentieux de l'annulation** est celui dans lequel il est demandé au juge d'annuler un acte administratif illégal; le juge ne peut qu'annuler l'acte ou rejeter le recours. Le plus important des recours en annulation, au point qu'il paraît parfois absorber la totalité de ce contentieux, est le ***recours pour excès de pouvoir***. Ce contentieux est, par son volume, un contentieux administratif majeur.

Cette distinction des quatre branches du contentieux a été critiquée, en raison notamment de son caractère artificiel et, parfois, de son maniement difficile: en réalité, la ***nature*** de ce qui est demandé au juge, ainsi que la ***cause*** de la demande, permettent fréquemment de qualifier aisément la branche du contentieux à laquelle se rattache la demande en question. C'est pourquoi cette classification sera retenue ici. Elle emporte de très importantes conséquences pratiques, concernant la ***qualité pour agir*** (plus largement admise en excès de pouvoir qu'en plein contentieux), le ***ministère d'avocat*** (toujours facultatif en excès de pouvoir, en principe obligatoire – mais il y a des exceptions – en plein contentieux), les ***délais d'action contentieuse*** (différents dans les deux branches en matière de décisions implicites de rejet), les ***moyens*** développés au soutien de la requête (en excès de pouvoir, moyens de légalité exclusivement, moyens plus diversifiés en plein contentieux), le ***jugement d'annulation*** (qui a une autorité absolue en excès de pouvoir).

Le recours pour excès de pouvoir présente deux caractères essentiels:

1°) C'est un ***recours d'ordre public*** (CAA Paris, 30 déc. 1996, *Boyer c/ Commune de Boulogne-Billancourt*) car le requérant ne peut renoncer par avance ni à l'exercer, ni, l'ayant exercé, au bénéfice qui en résulte pour lui en cas de succès. C'est pourquoi il est ouvert même sans texte contre toute décision administrative (17 févr. 1950, *Min. de l'Agriculture c/ Dame Lamotte*) : il a pour fonction de faire triompher le principe de soumission de l'administration au droit, ou principe de juridicité.

2°) C'est, ensuite, un ***recours objectif*** en ce sens qu'il s'analyse comme un procès fait à un acte et non à l'auteur de cet acte; il a pour but, dans l'intérêt général, d'apurer l'édifice juridique d'éléments viciés. Même s'il a une grande part de vérité, ce deuxième caractère est moins net que le précédent: l'intérêt personnel du requérant entre en jeu.

Ceci se démontre à travers l'exposé des conditions de recevabilité d'un tel recours (A), l'étendue du contrôle qu'y exerce le juge (B) et les effets des jugements rendus sur recours pour excès de pouvoir (C).

A– Les conditions de recevabilité du recours pour excès de pouvoir

1. Conditions de recevabilité tenant à la personne du requérant: l'intérêt pour agir

La condition de ***capacité pour agir*** est nécessaire; elle est largement admise et ne soulève généralement pas de difficultés de mise en œuvre. La condition d'***intérêt pour agir*** soulève, en revanche, de nombreuses difficultés. Elle s'apprécie au jour de l'introduction du recours (22 déc. 1967, *Min. des Affaires sociales et Ruhlmann*); si elle existait à cette date mais a disparu pendant l'instance, le recours reste recevable (22 nov. 1963, *Dalmas de Polignac*). Logiquement, le recours pour excès de pouvoir intervenant dans l'intérêt général, on pourrait penser que n'importe quel citoyen devrait pouvoir contester n'importe quel acte administratif. La jurisprudence s'est arrêtée à un compromis: admettre le plus largement possible l'intérêt pour agir sans aller jusqu'à l'universalité des citoyens. D'où l'emploi d'un double critère réducteur: l'intérêt doit être ***direct et personnel***, il doit également être ***né et actuel***.

→ L'intérêt direct et personnel

Un intérêt direct et personnel est exigé, ce qui réduit l'accès au prétoire.

▶ **Contenu du principe.** L'acte attaqué doit porter atteinte aux intérêts du requérant, et il doit exister une certaine relation entre l'acte administratif attaqué et la qualité dont se prévaut le requérant pour l'attaquer. La **qualité du requérant** est donc une condition essentielle de la recevabilité. Le contribuable, qui constitue l'une des catégories les plus nombreuses de requérants, fournit une bonne illustration de la jurisprudence : le juge a d'abord admis l'intérêt pour agir du ***contribuable communal*** (29 mars 1901, *Casanova*), puis celui du ***contribuable départemental*** (27 janv. 1911, *Richemond*), enfin, celui du ***contribuable colonial*** (24 juin 1932, *Galandou Diouf*). Mais il n'admet pas l'intérêt du contribuable national parce que celui-ci ne se distingue pas des autres citoyens, sa qualité se confondant purement et simplement avec celle de citoyen (13 févr. 1930, *Dufour*). Le juge admet l'intérêt de nombreuses autres catégories.
Les ***requêtes collectives*** soulèvent, de ce point de vue, des difficultés. Il existe deux sortes de requêtes collectives : les requêtes collectives ***personnelles*** (introduites par plusieurs requérants) et les requêtes collectives ***réelles*** (formées par un même requérant contre plusieurs décisions). La jurisprudence se montre souple : le recours dirigé par plusieurs requérants contre des actes réglementaires (11 juill. 1958, *F.N.O.S.S. et Fradin*) ou individuels (22 déc. 1972, *Min. de l'Équipement et Sieur Langlois*) est recevable pourvu que l'un au moins des requérants soit recevable. Les requêtes collectives réelles sont, elles, déclarées recevables dès lors qu'existe entre les décisions attaquées « un lien suffisant » (30 mars 1973, *David*). À défaut d'un tel lien, la requête ne pourra cependant être déclarée irrecevable que si le requérant, préalablement invité à régulariser, s'est abstenu de le faire.

▶ **Exception limitée au principe : l'intérêt collectif.** Les personnes morales ne doivent normalement agir que pour la défense des intérêts collectifs de leurs membres. La recevabilité de leur action a été cependant admise assez tôt par une décision célèbre rendue sous l'influence de Jean Romieu (28 déc. 1906, *Syndicat des patrons-coiffeurs de Limoges*) à la condition que l'intérêt défendu soit ***celui de tous les membres de l'organisme***, ou, n'intéressant qu'une partie de ceux-ci, soulève une question de principe. La jurisprudence a admis, en outre :

1°) qu'une personne morale puisse agir dans l'intérêt d'un de ses membres lorsque la question à résoudre est une ***question de principe intéressant tous les autres membres*** ;

2°) qu'un syndicat groupant plusieurs catégories d'agents puisse agir pour la ***défense de l'une d'elles*** (21 avr. 1972, *Syndicat chrétien du corps des officiers de police*) ;

3°) qu'une union de syndicats puisse agir dans l'intérêt ***d'une seule des organisations qui la composent*** (12 déc. 2003, *USPAC-CGT*).

→ L'intérêt né et actuel

L'action n'est recevable que si l'intérêt dont se prévaut le requérant existe actuellement. L'intérêt futur n'est pas exclu, il suffit que sa survenance soit ***certaine*** (cf. concl. M. Long sur 14 févr. 1958, *Abisset*). Un candidat inéligible peut ainsi contester l'élection à laquelle il n'a pas participé (16 févr. 2005, *Élections régionales de Provence-Alpes-Côte d'Azur*). En revanche, n'est pas admis l'intérêt hypothétique, aléatoire ou incertain.

2. Conditions de recevabilité tenant à la nature de l'acte attaqué

→ L'exigence d'une décision

Un acte administratif (cf. chap. 3 et 11 juill. 2011, *Pierre X.*, 313949) n'est déférable au juge de l'excès de pouvoir que s'il s'agit d'une ***décision***: c'est-à-dire un acte susceptible de modifier unilatéralement l'ordonnancement juridique, pris par une personne morale de droit public ou par une personne privée chargée d'une mission de service public, agissant dans l'exercice de celle-ci et dotée à cette fin de prérogatives de puissance publique: tel n'est pas le cas d'une loi (11 juil. 2011, *Pierre X.*), d'une simple information (CAA Nantes, 20 janv. 2005, *Association Pro Musica*) ou d'un contrat, lequel n'est pas une décision (29 déc. 1905, *Martin* ; 4 avr. 2014, *Dpt Tarn et Garonne*); toutefois, la ***théorie de l'acte détachable*** permettait un tel recours contre ceux des actes détachables du contrat (29 juin 1979, *Veuve Bourgeois* ; 10 juill. 1996, *Cayzeele*; 30 oct. 1998, *Ville de Lisieux*). La possibilité reconnue désormais aux tiers de contester directement les stipulations d'un contrat administratif au moyen d'un recours de plein contentieux (*Dpt Tarn et Garonne*, préc.) retire l'essentiel de son intérêt à la théorie de l'acte détachable en matière contractuelle.
Une importante décision (16 juill. 2007, *Sté Tropic Travaux Signalisation*) a reconnu aux tiers évincés d'un contrat administratif le droit d'agir directement contre ce contrat sous la forme d'un recours de pleine juridiction, non d'un recours pour excès de pouvoir.

→ Une décision faisant grief

La décision déférable est celle qui est opposable aux administrés, qui modifie leur situation juridique. Cela exclut le recours pour excès de pouvoir contre nombre d'actes administratifs ***antérieurs*** à la décision (consultation, avis – mais le caractère illégal d'un avis peut être invoqué à l'appui d'un recours pour excès de pouvoir: 26 oct. 2001, *Eisenchteter* –, vœu) ou ***postérieurs*** à elle (transmission, notification, rappel). La simple exécution d'un arrêté d'expulsion ne constitue pas, par elle-même, une décision mais la mise en œuvre de celle-ci, elle ne peut donc faire l'objet d'un recours pour excès de pouvoir (13 nov. 1985, *Min. de l'Intérieur c/ Arrugaeta San Emeterio*).

3. Les conditions de délai et de forme

Ces conditions ont été étudiées plus haut, on y renvoie (cf. pp. 135-140).

4. Les conditions tenant à l'absence de recours parallèle

Selon ce principe, le recours pour excès de pouvoir n'est pas recevable lorsque le requérant, pour parvenir à ses fins, dispose d'une autre voie de droit susceptible de lui procurer le même résultat.

➔ La signification de l'exception de recours parallèle

Cette exception cherche à ***sauvegarder l'ordre des compétences*** lorsque le recours pour excès de pouvoir et le recours parallèle relèvent de juridictions différentes (les membres d'une association ne peuvent contester la régularité de la modification des statuts de l'association que devant le juge judiciaire, l'existence de ce recours devant le juge judiciaire rend irrecevable leur recours pour excès de pouvoir devant le juge administratif: 15 juill. 1959, *Libert*).
L'exception de recours parallèle poursuit un second objectif: elle ***sauvegarde la séparation des différentes branches du contentieux administratif***. On ne peut demander au juge de l'excès de pouvoir ce qui doit l'être devant le juge du plein contentieux; toutefois, lorsque les deux recours relèvent de la même juridiction, le recours pour excès de pouvoir sera jugé possible s'il se borne à soulever exclusivement des questions de légalité et si son admission n'aboutit pas à une reconnaissance de dette de l'administration.

➔ L'exception de recours parallèle et l'acte détachable

L'exception de recours parallèle - aujourd'hui en net déclin (mais voir, 28 avr. 2006, *Cassinari*) - ne peut pas être opposée à un recours pour excès de pouvoir lorsque celui-ci est formé contre des actes détachables de l'acte principal (dont la nature le ferait relever d'une autre branche du contentieux). Il en va ainsi, on l'a vu plus haut, en matière contractuelle, ou dans les contentieux fiscal et électoral.

B- Le contrôle de l'excès de pouvoir

1. Les moyens invocables

C'est à travers une lente évolution, commencée sous la Monarchie de Juillet, que le juge va édifier les différents cas d'ouverture, c'est-à-dire les catégories d'arguments qu'un demandeur peut invoquer à l'appui d'une requête en annulation. Aujourd'hui, depuis deux décisions fondamentales (20 févr. 1953, *S^té^ Intercopie* ; 15 juil. 1954, *S^té^ des Aciéries et Forges de Saint-François*), ces quatre cas d'ouverture sont regroupés en deux « ***causes juridiques*** » :

1°) la première de ces causes est dénommée ***légalité externe***: seuls seront examinés les éléments extérieurs de l'acte (***incompétence*** et ***vice de forme ou de procédure***);
2°) la seconde de ces causes est la ***légalité interne***: c'est le fond même de l'acte que le juge aura à examiner (***violation de la règle de droit*** et ***détournement de pouvoir***).

En conséquence, le requérant doit, à l'appui de son recours, soulever l'un (ou plusieurs) de ces quatre moyens. Si le moyen soulevé (ou les moyens) n'appartient (n'appartiennent) qu'à une seule cause juridique, le requérant ne peut plus, après l'expiration du délai de recours qui est de deux mois, soulever un nouveau moyen appartenant à l'autre cause juridique: la forclusion lui sera opposée. En revanche, il suffit de soulever un moyen relevant de chacune des deux causes juridiques pour être recevable pendant tout le cours de l'instance à soulever n'importe lequel des deux autres moyens.

→ La légalité externe

▶ **L'incompétence** consiste, pour une autorité administrative, à prendre une décision qu'elle n'avait aucune aptitude légale à prendre parce que cette décision relevait de la compétence d'une autre autorité. ***Le vice d'incompétence affectant une décision est le plus grave qui soit*** car il traduit une transgression de l'ordre constitutionnel des compétences, c'est pourquoi il est dit d'« ordre public » : il peut être soulevé à tout moment par les parties, à défaut il doit être relevé d'office par le juge.
L'incompétence est dite ***négative*** lorsque l'autorité administrative refuse de prendre une décision car elle croit, à tort, n'être pas compétente ou lorsqu'elle n'a pas exercé complètement sa compétence.
L'incompétence est dite ***positive*** quand l'autorité croit être compétente dans un domaine alors que ce n'est pas le cas : c'est l'hypothèse la plus fréquente d'incompétence. Elle comporte ***quatre cas*** que l'on se borne à rappeler ici (cf. chap. 1 et 3) : **1°**) l'usurpation de pouvoir ou de fonctions, **2°**) l'incompétence *ratione loci*, **3°**) l'incompétence *ratione temporis*, **4°**) l'incompétence *ratione materiae*.

▶ **Le vice de forme** se réalise lorsque la décision est prise sans respect de certaines conditions: consultation, motivation, délai, etc. Mais seul entraînera annulation le vice de forme susceptible d'avoir eu incidence sur le sens de la décision contestée ; il suffit qu'il y ait doute, non que soit rapportée la preuve de cette incidence (abandon de l'ancienne distinction entre *formalité substantielle* et *formalité non substantielle* : loi 17 mai 2011, art. 70 et 23 déc. 2011, *Danthony et autres*, 335033). Toutefois, le vice de forme résultant de l'omission ou du mauvais accomplissement d'une formalité n'entraîne pas l'annulation de la mesure lorsque l'administration s'est heurtée à l'impossibilité de respecter cette formalité (théorie de la ***formalité impossible***), ou lorsqu'elle se trouve dans un cas de compétence liée ou lorsqu'elle est invitée par le juge – en cas de contentieux – à régulariser dans un certain délai (11 janv. 2006, *Association des familles victimes de saturnisme et autres*).

Les cas de vice de forme sont très nombreux parce que multiples sont les exigences de forme imposées à l'administration : défaut de consultation ou consultation défectueuse de certains organismes, composition irrégulière de ceux-ci, défaut de motivation de l'acte, non-respect de délais, non-respect du principe du contradictoire, omission de certains visas ou signatures, conditions irrégulières de publicité.

→ La légalité interne

Le contrôle de cette forme de la légalité suppose l'examen par le juge du contenu même de l'acte qui lui est déféré : c'est une analyse plus profonde, mais aussi plus délicate que celle de la légalité externe.

▶ **Le détournement de pouvoir (ou de procédure)** survient lorsqu'une autorité administrative use des pouvoirs qui lui sont attribués, ou met en œuvre une procédure, dans un but autre que celui en vue duquel ces pouvoirs lui ont été conférés ou cette procédure a été instituée. Le juge se livre à une analyse délicate : déterminer non le contenu de l'acte mais le but qu'avait en vue l'auteur de celui-ci lorsqu'il a pris sa décision ; il s'agit de scruter ***l'intention de l'autorité publique***. L'acte sera éventuellement dit illégal en raison de l'intention qui animait son auteur au moment où il a été pris. D'où la difficulté d'établir la réalité d'un détournement de pouvoir ou de procédure et le caractère subsidiaire de cette voie, que le juge n'examine qu'en dernier lieu, après échec des autres cas d'ouverture. Les cas de détournement de pouvoir se ramènent à ***deux catégories principales*** :

- Tantôt **l'autorité administrative use de ses pouvoirs dans un intérêt particulier :**

1°) ***intérêt purement personnel à l'auteur de l'acte*** (réglementation sévère des bals par un maire qui craint la concurrence avec les bals qu'il organise lui-même : 14 mars 1934, *Rault* ; animosité envers un athlète entraînant sa non-sélection pour une compétition officielle : 25 mai 1998, *Fédération française d'haltérophilie*) ;

2°) ***intérêt d'une personne privée*** (déclaration d'utilité publique de la création d'un plan d'eau communal en vue, en réalité, de permettre une exploitation plus facile d'une gravière par une société privée : 3 oct. 1980, *Schwartz et autres*) ;

3°) ***intérêt purement idéologique, politique ou confessionnel*** (interdiction d'une procession religieuse le 15 août, cette interdiction étant en réalité motivée par le fait qu'était organisée le même jour « une fête laïque et prolétarienne » : 11 févr. 1927, *Abbé Veyras*).

- Tantôt **l'autorité administrative use de ses pouvoirs dans un but d'intérêt général autre que celui qu'elle pouvait légitimement poursuivre.** Souvent, il s'agira d'un ***but financier*** (économiser les deniers publics). La jurisprudence a fini par admettre la légitimité de l'intérêt financier, même lorsqu'il a joué un rôle important, dès lors qu'il ***n'est pas exclusif*** (6 févr. 1951, *Vila et Ribouleau*). La poursuite d'***autres intérêts généraux*** entache d'illégalité les actes pris car leur auteur n'est pas compétent pour cela (utilisation de pouvoirs de police pour permettre l'exécution d'un contrat : 8 juin 1962, *Dibon*).

▶ **La violation de la règle de droit** recouvre deux situations.

- Il peut s'agir d'une violation directe de la règle de droit: le contenu même de l'acte porte atteinte à la légalité générale (Constitution, traités internationaux, lois, règlements, principes généraux du droit, règle « *patere legem quam ipse fecisti* », chose jugée, etc.).
- En second lieu, on trouve l'illégalité relative aux motifs ou à l'objet de l'acte, celle qui relève de la question: à cause de quoi l'autorité a-t-elle pris telle décision ? Cette catégorie revêt ***deux formes*** principales: l'erreur de droit et l'erreur de fait.

1°) ***L'erreur de droit***, véritable « vice de raisonnement », est réalisée principalement dans trois cas: l'administration applique un texte applicable mais illégal, ou inapplicable en l'espèce, ou encore applicable et légal mais en se trompant sur le sens à lui attribuer (14 oct. 1970, *S^té^ d'exploitation des eaux et thermes d'Enghien*, et *Min. de l'Intérieur*: le jeu de la roulette n'est pas un jeu « similaire » à celui de la boule).

2°) ***L'erreur de fait*** recouvre deux situations assez différentes: tantôt l'administration commet une erreur concernant l'***exactitude matérielle des faits*** (14 janv. 1916, *Camino*: les faits reprochés au maire d'Hendaye pour le révoquer étaient inexacts; 20 janv. 1922, *Trépont*: le préfet mis en congé « sur sa demande » n'avait pas fait de demande en ce sens); tantôt l'administration se trompe sur la ***qualification juridique des faits***, c'est-à-dire que les faits « ne sont pas de nature à justifier légalement » sa décision: ils sont exactement appréciés dans leur matérialité mais inexactement qualifiés au plan juridique (4 avr. 1914, *Gomel*: la place Beauvau, à Paris, ne constitue pas une « perspective monumentale »).

2. L'étendue du contrôle du juge

➜ Les différents types de contrôle juridictionnel

L'idée générale est que le juge contrôle dans tous les cas la légalité externe, seul varie le degré de contrôle de la légalité interne.

▶ **Le contrôle normal,** le plus fréquent, porte sur l'ensemble des quatre cas d'ouverture (9 juill. 1997, *Association Ekin*; 29 juill. 2002, *C.A.F. de Paris*) ; son champ d'application ne cesse de s'étendre.

▶ **Le contrôle est dit « maximum »** lorsque, quoiqu'il s'en défende, le juge glisse de la qualification juridique des faits au ***contrôle de l'opportunité***: l'acte n'est pas illégal parce qu'il viole tel ou tel élément de la légalité, il est illégal parce qu'il n'est pas celui que le juge aurait pris s'il avait été, en l'espèce, l'administrateur (28 mai 1971, *Ville Nouvelle Est*; 20 oct. 1972, *S^té^ civile Sainte-Marie de l'Assomption*; 26 oct. 1973, *Sieur Grassin*).

▶ **Le contrôle réduit (dit parfois « minimum »)** est réalisé lorsque le juge renonce à apprécier la légalité de la qualification juridique des faits opérée par l'autorité administrative. Il en va ainsi dans certaines matières très techniques où le juge répugne à contrôler « le fait de nature à… ». Cependant, dans ce cadre, il contrôle ***l'erreur manifeste d'appréciation***, c'est-à-dire « *une erreur évidente, invoquée par les parties et reconnue par le juge, et qui ne fait aucun doute pour un esprit éclairé* » (concl. G. Braibant sur 13 nov. 1970, *Lambert*). Cette notion s'est très vite répandue et elle est constamment utilisée aujourd'hui, y compris dans la jurisprudence du Conseil constitutionnel.

→ Les pouvoirs du juge à l'égard des moyens du requérant et des motifs de la décision attaquée

► **Le moyen d'ordre public** est un moyen essentiel qui, à raison même de ce caractère, doit être soulevé d'office par le juge si les parties ont omis de le faire. Celles-ci peuvent d'ailleurs le soulever à tout moment de la procédure et même pour la première fois en cause d'appel. Un tel moyen touche à la structure même de l'ordre juridique; omettre de le relever serait méconnaître la règle de droit que le juge a pour mission de faire respecter. Les moyens d'ordre public sont assez nombreux, le plus connu étant celui tiré de l'***incompétence*** de l'auteur de l'acte.

► **Le moyen inopérant** est un moyen recevable mais qui soit n'a pas d'influence sur la solution du litige, soit est sans rapport avec lui (moyen « irrelevant »). Lorsque l'administration a compétence liée, tout moyen d'illégalité, même fondé, sera rejeté comme inopérant dès lors que l'autorité était tenue de décider ainsi qu'elle l'a fait (12 oct. 1984, *Lafon*).

► **Motif surabondant et motif déterminant.** Lorsqu'une décision est fondée sur plusieurs motifs, l'existence d'un seul motif erroné entraîne l'annulation de la décision s'il a joué un rôle déterminant. Le motif déterminant est celui sans lequel la décision n'eût pas été prise telle qu'elle l'a été. À défaut, le motif est dit surabondant: sans lui, la décision eût été la même. L'annulation pour illégalité des motifs ne s'attache qu'aux motifs déterminants.

► **Les substitutions opérées par le juge.**

1°) La théorie de la ***substitution de base légale*** joue lorsque l'administration a pris une décision en se fondant sur un texte qui ne lui donne pas ce pouvoir alors qu'il existe une autre disposition qui fonde légalement ce pouvoir de l'autorité, en ce cas le juge substituera, parfois même d'office (3 déc. 2003, *El Bahi*), la bonne base légale à celle invoquée par erreur.

2°) La ***substitution des motifs*** permet au juge de remplacer le motif erroné invoqué par l'administration pour justifier sa décision, par le bon motif, s'il existe. Normalement, le juge ne peut procéder à une telle substitution (cela revient à administrer), il ne s'y résout que dans de rares hypothèses et à condition que soient respectés les droits de la défense (6 févr. 2004, *Hallal*).

C– Les effets du jugement

Le jugement rendu sur recours pour excès de pouvoir peut être assorti, le cas échéant, du prononcé d'une astreinte ou d'une injonction dans les conditions du droit commun (cf. p. 145). Le juge dicte parfois avec une très grande précision la conduite à tenir par l'administration pour assurer la complète exécution du jugement (29 juin 2001, *Vassilikiotis*; 5 mars 2003, *Titran*).

1. Les décisions de rejet

Le rejet d'une requête signifie que les moyens invoqués n'ont pas convaincu le juge, et qu'il n'existe pas de moyens d'ordre public. La décision administrative demeure en vigueur et la situation existant antérieurement à la décision juridictionnelle n'est pas modifiée. Le rejet n'a qu'une portée relative car il ne vaut qu'entre les parties au procès et relativement à la seule argumentation qui y a été développée. D'autres requérants peuvent former un nouveau recours, et le requérant primitif peut rechercher de nouveaux moyens susceptibles d'étayer une nouvelle action. Il peut aussi intenter de nouveaux recours contre les mesures d'application, même de nature contractuelle, de l'acte contre lequel le recours a été rejeté (2 mai 1958, *Distillerie de Magnac-Laval*). Le juge peut *moduler* les effets et la portée d'une décision de rejet (27 oct. 2006, *Sté Techna*).

2. Les décisions d'annulation

Sauf au cas de ***divisibilité*** des dispositions attaquées par rapport au reste du texte (17 mai 1972, *Roty, Demaret et Beaune*; 3 juill. 1998, *Syndicat des médecins de l'Ain et autres*; 25 févr. 2005, *France Télécom*), le juge ne prononce pas d'annulation partielle, mais seulement des annulations totales, même lorsque l'annulation partielle qui lui est demandée est incontestablement fondée. Annuler partiellement un acte aboutirait en effet à exercer un pouvoir de réformation des décisions administratives ce qui s'apparente à une tutelle.

→ L'effet normalement rétroactif des décisions d'annulation

L'acte annulé est réputé n'avoir jamais existé, et tous les actes qui en ont découlé sont à leur tour frappés de nullité (26 déc. 1925, *Rodière*). Les effets de l'annulation trouvent une illustration particulière dans le contentieux de la fonction publique, où il faut reconstituer la carrière des agents concernés, revoir les avancements et mutations, recalculer les anciennetés, etc. Lorsque l'acte annulé faisait suite à un acte antérieur qu'il remplaçait, l'annulation a pour effet de faire revivre le règlement primitif (13 juill. 1963, *Syndicat national des ingénieurs-conseils inspecteurs du contrôle de la prévention et assimilés*). Cependant, la jurisprudence a d'abord été conduite à moduler les effets des annulations (29 juin 2001, *Vassilikiotis*; 27 juill. 2001, *Titran*), ensuite, dans les cas – en théorie exceptionnels mais, de fait, assez nombreux – où les intérêts en présence le justifient, à les priver d'effet rétroactif (11 mai 2004, *Association AC! et autres* ; 10 nov. 2010, *Dpt du Lot* ; 10 déc. 2012, *S*[té] *lyonnaise des eaux*). Le Conseil constitutionnel adopte lui aussi la technique de la modulation (n° 2005-528 DC, 15 déc. 2005, *loi de financement de la sécurité sociale pour 2006*). Enfin, dans le dernier état de la jurisprudence et dans un souci de sécurité juridique, a été consacré le principe des revirements de jurisprudence pour l'avenir seulement (16 juill. 2007, *S*[té] *Travaux Tropic Signalisation*) ainsi que la modulation dans le temps de la possibilité de saisir le juge, ceci afin d'éviter les conséquences excessives d'une annulation (6 avr. 2007, *Blondeau*; 16 janv. 2008, *Hahn*).

→ L'effet absolu des décisions d'annulation

Le principe est celui de l'***effet absolu*** des décisions d'annulation, sauf ***tierce opposition***. Elles valent ***à l'égard de tous*** (*erga omnes*) :

- ***du requérant*** lui-même, qui ne peut renoncer au bénéfice d'une annulation obtenue (2 avr. 1972, *Dame Minuit-Balalud de Saint-Jean*) ;
- ***des tiers***, qui ne peuvent plus invoquer ou appliquer la mesure annulée ;
- ***de l'administration***, qui doit exécuter la décision alors même qu'elle aurait interjeté appel ;
- ***du juge***, toutes les juridictions devant tirer les conséquences de l'annulation prononcée.

Cet effet absolu s'impose ***au législateur***, qui ne peut valider rétroactivement une décision annulée par le juge (CC, 22 juill. 1980 ; 11 juill. 2001, *Min. Défense*).

III. Les recours contre les jugements

Classiquement, sont distinguées deux sortes de recours : les voies de réformation (A) et celles dites, mais c'est discutable, de rétractation (B).

A– Les voies de réformation

Ces voies sont l'***appel*** et la ***cassation***. Dans les deux cas, l'affaire est portée devant la juridiction supérieure à celle saisie précédemment.

1. L'appel

C'est une voie de droit par laquelle est demandée la réformation d'un jugement de première instance. Il est l'expression directe du ***principe du double degré de juridiction***, même si l'appel n'est pas un principe général du droit.

→ Les conditions de l'appel

▶ **Les jugements « appelables »** ne peuvent être que des jugements de première instance, mais tout jugement de première instance est susceptible d'appel, sauf exception où il est alors soumis directement au juge de cassation. On ne peut former appel que du ***dispositif*** d'un jugement et non de ses motifs (28 janv. 1987, *Comité de défense des espaces verts*), sauf quand ceux-ci sont le « soutien nécessaire du dispositif ».

▶ **Le délai d'appel** est de deux mois à compter de la notification du jugement. L'***appel incident,*** qui est formé par un autre que l'appelant principal, peut l'être sans condition de délai (9 févr. 1850, *Carnot c/ Commune de Nolay*).

▶ **Les parties en appel :** l'appel peut être formé contre toute partie, il ne peut l'être que contre une personne ayant eu la qualité de partie en première instance. Le demandeur et le défendeur de première instance conservent toujours leur qualité primitive en appel, ils seront dits demandeur appelant ou demandeur intimé, défendeur appelant ou défendeur intimé.

▶ **L'auteur de l'appel ou appelant** doit avoir à la fois qualité et intérêt pour agir. L'appelant ne peut déférer au juge d'appel que le dispositif d'un jugement qui ***rejette, totalement ou partiellement, ses prétentions*** de première instance ; il ne saurait contester un jugement qui lui donne entière satisfaction. De même, il n'y a pas d'intérêt pour un ministre à former appel, sur le fondement de l'exception de déchéance quadriennale, d'un jugement le déclarant débiteur, car il a la qualité pour opposer lui-même cette déchéance (12 nov. 1971, *Min. de la Justice c/ D*[elle] *de Courrèges d'Ustou*). L'appel ne peut être formé que par les personnes qui, en première instance, étaient parties, appelées en cause ou représentées.

▶ **L'intimé** est celui contre lequel l'appel est formé. Il s'agit de toute personne qui, en première instance, s'opposait à celui qui est devenu appelant. Ce dernier, en interjetant appel, constitue intimé tout adversaire de première instance. L'appel peut être formé contre toute partie, il ne peut l'être que contre une personne ayant eu la qualité de partie en première instance. Le demandeur et le défendeur de première instance conservent toujours leur qualité primitive en appel, ils seront dits demandeur appelant ou demandeur intimé, défendeur appelant ou défendeur intimé. L'action propre de l'intimé soulève des difficultés dans deux cas : l'appel incident et l'appel d'intimé à intimé (ou appel provoqué).

- **L'appel incident** est l'appel formé par une partie qui n'est pas l'appelant principal ; il doit être formé après l'appel principal (sinon il ne serait qu'un second appel principal parallèle au premier), et sa recevabilité est suspendue à celle de l'appel principal. Il doit porter sur le même litige que celui soulevé par l'appel principal. L'appelant principal peut, à son tour, former un appel incident sur l'appel incident de l'intimé.
- **L'appel d'intimé à intimé** (ou **appel provoqué**) est formé, comme l'appel incident, à la suite de l'appel principal, cependant il est dirigé non contre l'appelant principal mais contre une autre partie, non appelante, de première instance. L'appel provoqué ne peut exister que si au moins trois parties s'affrontaient en première instance.

▶ **La demande en appel. La théorie des demandes nouvelles.** L'appelant peut demander en appel tout ce qu'il demandait déjà en première instance. En revanche, et sauf exceptions limitées (8 juill. 1998, *Département de l'Isère* : augmentation du montant de l'indemnité primitivement demandée), sont irrecevables les ***demandes nouvelles en appel*** parce que, en étendant le champ du litige de première instance, ces demandes contreviennent au principe du double degré de juridiction. La prohibition des demandes nouvelles n'empêche pas l'***admission des moyens nouveaux*** qui sont des arguments nouveaux au soutien de la même demande.

➜ Les effets de l'appel

L'appel n'a pas d'effet suspensif en procédure administrative, le jugement de première instance pouvant seulement faire l'objet, de la part du juge d'appel, d'un sursis à exécution.

L'appel a deux effets.

▶ **L'effet dévolutif de l'appel.** L'appel a pour effet de saisir automatiquement le juge d'appel de l'***ensemble*** du litige de première instance, dans la limite des conclusions et moyens présentés. Cet effet dévolutif est réputé total (26 janv. 2011, *SA PPR*). Le juge d'appel reprend l'affaire à zéro pour la rejuger. En particulier, il analysera les conclusions rejetées par les premiers juges ou celles non examinées par eux.

▶ **L'effet évocatif de l'appel.** L'effet évocatif permet à la juridiction d'appel de se prononcer sur un litige que les premiers juges, à tort, n'ont pas examiné – par exemple parce qu'ils se croyaient incompétents, ou encore parce qu'ils ont estimé l'action forclose –. À la différence de l'effet dévolutif, l'effet évocatif n'a pas un caractère automatique : il suppose ***qu'aucun jugement sur le fond n'a été rendu en première instance*** (alors qu'il aurait dû l'être), ou que, si un jugement sur le fond a été rendu, il l'a été dans des ***conditions irrégulières***. Outre cette première condition, l'évocation suppose la réunion de deux autres conditions : ***l'affaire doit être « en état »***, c'est-à-dire qu'il peut être procédé à son jugement sans nouvelle mesure d'instruction ; l'évocation n'est pas de droit, il faut ***qu'elle soit sollicitée*** par les parties et acceptée par elles, ce qui se marque par le fait qu'elles concluent au fond.

2. Le pourvoi en cassation

Le pourvoi en cassation, recours de droit commun qui existe même sans texte, constitue un principe général du droit de la procédure administrative contentieuse. Il s'impose au pouvoir réglementaire ; les lois portant atteinte à ce droit sont strictement interprétées (7 févr. 1947, *d'Aillières*). Le pourvoi en cassation met un terme à la procédure ; après son exercice, il n'existe plus de voie de droit, hormis certains cas exceptionnels, pour juger le litige.

→ Les règles régissant le pourvoi en cassation

Ce pourvoi doit être formé ***dans les deux mois*** de la notification de la décision que l'on entend frapper de cassation, ce délai ne pouvant être prorogé, sauf s'il y a eu saisine d'une juridiction incompétente (5 janv. 1945, *Erb*). Le ministère d'avocat est ***toujours obligatoire*** en cassation, même s'il porte sur des matières dispensées d'un tel ministère en première instance et/ou en appel (sauf dispenses : art. R. 821-3 CJA). Le défaut de ministère d'avocat ne rend irrecevable le pourvoi en cassation que si l'intéressé, invité à régulariser, s'est abstenu de le faire (R. 821-4 CJA).

▶ **L'admission des pourvois** (loi du 31 décembre 1987 et décret du 24 décembre 1997) relève d'une ***procédure préalable d'admission des pourvois en cassation*** (décret du 2 septembre 1988 modifié), organisée devant l'une quelconque des dix sous-sections de la section du contentieux. Le président de chacune d'elles peut soit renvoyer l'affaire à la sous-section pour instruction normale s'il estime le pourvoi recevable, soit, si le pourvoi semble devoir être rejeté, saisir la sous-section. En ce dernier cas, celle-ci peut soit partager l'opinion de son président, et rejettera le pourvoi, soit ne pas la partager : le recours sera soumis à instruction normale.

▶ **Les parties au pourvoi en cassation** ne peuvent être que les personnes présentes ou représentées dans l'instance frappée de pourvoi, et ayant un intérêt à la cassation. Un pourvoi incident en cassation est possible s'il ne soulève pas un litige distinct du litige principal objet du pourvoi (21 oct. 1992, *Setec-Travaux publics*).

▶ **La décision frappée de pourvoi en cassation** doit présenter trois caractères :

1°) Elle doit avoir une ***nature juridictionnelle***. Les décisions de l'administration et les mesures de nature non juridictionnelle prises par les juridictions (théorie des « actes d'administration de la justice ») sont insusceptibles de faire l'objet d'un pourvoi en cassation.

2°) Il doit s'agir d'une ***décision définitive*** (17 avr. 1964, *Guertin*).

3°) La décision juridictionnelle attaquée doit avoir été rendue en ***dernier ressort***. Il ne peut y avoir pourvoi en cassation contre une décision qui n'a pas été frappée d'appel dans les délais.

▶ **Moyens de cassation**. Le juge de cassation ne rejuge pas toute l'affaire : seuls des moyens de pur droit peuvent être articulés en cassation. Cela produit un rétrécissement considérable du cadre de l'instance : même les moyens nouveaux sont prohibés (10 juill. 1954, *Neptune*). Par exception, peuvent être soulevés pour la première fois en cassation : les moyens d'ordre public et les moyens tirés de l'irrégularité de la décision dont la cassation est demandée.

➜ Les règles de fond relatives au recours en cassation

▶ **Pouvoirs du juge de cassation.** Le Conseil d'État, juge de cassation, se trouve dans une position hybride, très différente de celle de la Cour de cassation. Tantôt il connaît de pourvois en cassation dirigés contre des décisions juridictionnelles rendues par des juges professionnels (Cour des comptes, cours administratives d'appel, etc.) : à leur égard, le Conseil d'État peut se comporter comme un véritable juge de cassation. Tantôt il est saisi de pourvois contre des décisions rendues par des « juridictions » de techniciens aux compétences juridiques moins affinées: à leur égard, le Conseil d'État se comporte plutôt comme un super juge d'appel que comme un réel juge de cassation (voir, par exemple, à propos du Conseil national de l'ordre des médecins statuant en matière disciplinaire : 7 mai 1993, *Barbotin, Février, Leleu et Chève*).

▶ **Les cas d'ouverture du pourvoi en cassation** sont: l'***incompétence*** sous toutes ses formes, les ***vices de forme et de procédure***, notamment une motivation insuffisante ou contradictoire de la décision déférée à la cassation, le défaut de réponse aux moyens soulevés (2 mars 1984, *Juan Ochoantesana Badiola*), et la ***violation de la règle de droit***. Ce dernier cas d'ouverture est le plus complexe. S'il est normal que le juge de cassation contrôle l'erreur de droit (16 janv. 1981, *Boubacar Conté*), en revanche, le contrôle de l'erreur de fait est plus délicat: le Conseil d'État contrôle l'***exactitude matérielle des faits*** telle qu'elle ressort exclusivement des pièces du dossier (5 août 1924, *Farman*), et la ***qualification juridique des faits*** (caractère « exceptionnellement dangereux » d'un ouvrage public: 5 juin 1992, *Min. de l'Équipement c/ Époux Cala*; caractère non sérieusement contestable d'une créance: 10 avr. 1992, *C.H.G. d'Hyères*; caractère fautif d'un comportement: 28 juill. 1993, *Consorts Dubouloz*; contrôle de l'utilité publique d'une expropriation: 3 juill. 1998, *Mme Salva-Couderc*). **Il ne contrôle pas l'appréciation des faits** retenue par le juge du fond, celui-ci disposant d'un pouvoir souverain, sous réserve d'erreur manifeste ou de dénaturation des faits (4 janv. 1952, *Simon*; 29 janv. 1993, *Syndicat intercommunal des eaux de la Dhuys*; *Mme Salva-Couderc*, préc.).

▶ **Effets de la décision de cassation.**

La décision du juge de cassation n'a que l'autorité relative de chose jugée sauf lorsqu'elle se prononce sur une décision juridictionnelle ayant elle-même l'autorité absolue de chose jugée (30 sept. 2005, *Commune de Beausoleil*).

- Il peut y avoir **cassation sans renvoi**, soit, et c'est particulièrement le cas en matière disciplinaire, parce que la cassation ne laisse plus rien à juger (27 janv. 2011, *Min. du budget*, 343876), soit lorsque le Conseil d'État décide de régler lui-même l'affaire au fond dans l'intérêt d'une bonne administration de la justice, soit encore lorsque le Conseil d'État est saisi d'un second pourvoi dans la même affaire (26 juill. 2011, *S^té^ Lanvin SA*).
- Il peut y avoir **cassation avec renvoi**, et ce sera le cas normal, soit devant la juridiction même qui a rendu la décision cassée – sa composition sera alors différente de celle

qui a rendu la décision cassée, sauf si cela est impossible à obtenir –, soit devant une autre juridiction de même nature. La juridiction de renvoi n'est pas obligée de s'incliner devant la décision du Conseil d'État. En revanche, après une seconde cassation, il n'y pas de renvoi: le Conseil d'État statue définitivement au fond (4 févr. 2011, *Nordine X.*, 342057).

B– Les voies de rétractation

Au nombre de quatre, elles sont portées devant la juridiction qui a rendu la décision contestée.

1. L'opposition

L'opposition permet au défendeur (et seulement au défendeur) contre lequel a été rendue une décision par défaut d'obtenir de la juridiction qui l'a condamné qu'elle se rétracte. Si elle a été supprimée devant les tribunaux administratifs afin de faire échec aux manœuvres dilatoires de certains plaideurs, l'opposition est possible devant la cour administrative d'appel, sauf si la décision par défaut a été rendue contradictoirement avec une partie ayant le même intérêt que la partie défaillante. L'opposition doit être formée dans les ***deux mois*** de la notification du jugement par défaut. Si elle est admise, il est procédé à la modification de l'arrêt à l'égard du défendeur.

2. La tierce opposition

La tierce opposition permet aux personnes régulièrement absentes ou non représentées de remettre en cause un jugement qui préjudicie à leurs droits (CAA Bordeaux 30 déc. 1997, *Fortunat*). Principe général de procédure, elle est ouverte même sans texte (20 nov. 1931, *Franc*). Elle existe en toute matière (même en excès de pouvoir: 29 nov. 1912, *Boussuge*) et en toute procédure (même les procédures d'urgence: 18 juin 1982, *S.A. Bureau Véritas*). ***Trois conditions*** doivent être réunies:

1°) La décision contestée doit ***réellement préjudicier*** aux intérêts du requérant.
2°) Seuls peuvent agir ceux qui n'étaient ***ni parties ni représentés*** dans l'instance.
3°) Si le jugement ou l'arrêt a été notifié ou signifié, le délai d'action est de ***deux mois*** (dans les autres cas, il est infini).

Lorsque la tierce opposition est admise, les effets du jugement sont écartés à l'égard du seul tiers opposant; lorsque la tierce opposition est rejetée, le jugement reçoit son plein effet. L'appel est possible contre un jugement en tierce opposition.

3. Le recours en rectification d'erreur matérielle

Originairement destiné à réparer les seules « erreurs de plume », ce recours est ouvert aujourd'hui pour la réparation de véritables erreurs juridiques (26 oct. 1951, *Duchosal*;

2 avril 2010, *Dominique X.*, 332015). Il ne peut être formé que contre les décisions en dernier ressort, ***dans les deux mois*** de leur notification. En cas d'admission du recours, la décision est rectifiée ou remplacée (31 janv. 1990, *M. et Mme Gloviak et autres*).

4. Le recours en révision

Cette voie de droit n'est ouverte parmi les juridictions administratives de droit commun, que contre les décisions du Coseil d'État et seulement dans trois cas: jugement rendu sur pièce fausse, défaut de présentation par une partie d'une pièce décisive détenue par l'adversaire de celle-ci, ou vices substantiels affectant la décision attaquée (29 janv. 1988, *Vincent*). Ce recours ne peut être formé que par les seules personnes y ayant intérêt, seulement par ministère d'avocat, ***dans les deux mois*** de la décision dont la révision est demandée.

Si le recours est admis, la décision primitive est remplacée par une autre.

Pour les juridictions non régies par le code de justice administrative, le recours en révision est, en revanche, ouvert contre toutes celles-ci (16 mai 2012, *Jean-François X.*, 331346).

C- Le recours dans l'intérêt de la loi

Ouvert aux seuls ministres, il a une portée purement doctrinale en vue d'obtenir la proclamation par le Conseil d'État du caractère juridiquement erroné d'une décision juridictionnelle, mais non l'annulation de celle-ci (1er oct. 1997, *Min. de la Défense*). Il ne peut être formé contre les décisions dépourvues d'autorité de chose jugée, telles certaines ordonnances de référé (14 sept. 2007, *Min. Jeunesse et Vie associative*). Il est normalement formé après expiration du délai de recours.

Conseils bibliographiques

Sur le droit administratif

Braibant (Guy) et **Stirn** (Bernard), *Le droit administratif français,* Presses de Sciences Po-Dalloz, 7e éd., 2005.

Chapus (René), *Droit administratif général,* Tome 1, Montchrestien, 15e éd., 2001.

Colin (F.) et **Debbasch** (Charles), *Droit administratif,* Economica, 10e éd., 2011.

Delvolvé (Pierre), *Le droit administratif,* Dalloz, 6e éd., 2014.

Dupuis (Georges), **Guédon** (Marie-José) et **Chrétien** (Patrice), *Droit administratif,* Armand Colin, coll. « U », 12e éd., 2010.

Forges (Jean-Michel **de**), *Droit administratif,* PUF, « Premier cycle », 7e éd., 2007.

Gaudemet (Yves), *Traité de droit administratif,* t. 1, LGDJ 20e éd., 2012.

Lombard (Martine), **Dumont** (Gilles), *Droit administratif,* Dalloz, « Hypercours », 10e éd., 2013.

Morand-Deviller (Jacqueline), *Cours de droit administratif,* Montchrestien, 13e éd., 2013.

Ricci (Jean-Claude), *Mémento de la jurisprudence administrative,* Hachette, « Les Fondamentaux », 10e éd., 2013.

Truchet (Didier), *Droit administratif,* PUF, « thémis droit », 5e éd., 2013.

Waline (Jean), *Droit administratif,* Dalloz, 24e éd., 2012.

Weil (Prosper) et **Pouyaud** (Dominique), *Le droit administratif,* PUF, « Que sais-je ? », 24e éd., 2013.

Sur le contentieux administratif

Auby (Jean-Marie) et **Drago** (Roland), *Traité de contentieux administratif,* LGDJ, 2 vol., 3e éd., 1984.

Chapus (René), *Droit du contentieux administratif,* Montchrestien, 13e éd., 2008.

Daël (Serge) et **Courrèges** (Anne), *Contentieux administratif,* PUF, « Thémis », 4e éd., 2013

Debbasch (Charles) et **Ricci** (Jean-Claude), *Contentieux administratif,* Dalloz, 8e éd., 2001.

Gohin (Olivier), *Contentieux administratif,* Litec, 7e éd., 2012.

Guyomar (Mattias) et **Seiller** (Bertrand), *Contentieux administratif,* Dalloz, « Hypercours », 2e éd., 2012.

Pacteau (Bernard) et **Rials** (Stéphane), *Contentieux administratif,* PUF, « Droit fondamental », 8e éd., 2006.

Ricci (Jean-Claude), *Contentieux administratif,* Hachette, « HU Droit », 4e éd., 2014.

Turpin (Dominique), *Contentieux administratif,* Hachette, « Les Fondamentaux », 6e éd., 2013.

Index alphabétique

Nota : les numéros renvoient aux pages

PAPIER À BASE DE FIBRES CERTIFIÉES

hachette s'engage pour l'environnement en réduisant l'empreinte carbone de ses livres. Celle de cet exemplaire est de :
470 g éq. CO_2
Rendez-vous sur www.hachette-durable.fr

Imprimé en France sur les presses de la Nouvelle Imprimerie Laballery - 58500 Clamecy
Dépôt légal : juin 2014 - Collection n° 10 - Edition n° 01 - N° d'impression : 406058
14/0328/6

La Nouvelle Imprimerie Laballery est titulaire de la marque Imprim'Vert®